ちょっと素敵なインテリア

こぎん刺し

高木裕子著

藍色のキッチンクロス　参考作品

レース風のテーブルセンター　作り方59ページ
ブルーのクッション　参考作品

◆シックな大人のインテリア
シンプルで落ち着いた大人のインテリア。心安らぐ大人の部屋です。

パネル(92×74)　参考作品
ソファーカバー　作り方50ページ

◆テーブルを飾って

いつものテーブルをぐっとおしゃれに…。ちょっとした心遣いでくつろぎのスペースが生まれます。

右上／テーブルセンター
作り方50ページ
下／ベージュのテーブルセンター
参考作品

大きなテーブルセンター(195×48)　参考作品

キッチンクロス　作り方44ページ

コースター　参考作品

6

◆マイキッチン

優しい色合いがキッチンをおしゃれに演出します。お料理上手なあなたにぴったり…。

キッチンマット　作り方56ページ

◆大きな大きな　タペストリー

せっかく作るのなら大きなものを…。
根気よく仕上げた作品には満足感があふれます。

右／タペストリー(200×85)　参考作品
左／タペストリー(170×88)　参考作品

タペストリー(217×87)　参考作品

額(60×48)　参考作品
菱形模様のテーブルセンター　作り方48ページ

◆くつろぎのマイスペース
お気に入りの場所にぜひとも飾りたい手づくりインテリア。お部屋をぐんとセンスアップ。

藤のタペストリー　作り方64ページ

◆和の装い

一針一針、心を込めて刺し上げた和の装い。ときにはじっくり時間をかけて取り組んでみては…。

小袋　参考作品
半てん2点　参考作品

帯 3 点　参考作品

ミニバッグ　作り方76ページ
三角の小物入れ　参考作品

◆ キュートなミニバッグ
小さくて可愛い小物入れとミニバッグ。たくさん入って便利です。

◆ナチュラル感覚で

素材の持つ自然で素朴な風合いが、とても爽やかです。

のれん（103×83）　参考作品
和調スクリーン（90×123）　参考作品

左上／大名行列のタペストリー(86×88)
左下／鶴のタペストリー(103×87)
右／タペストリー(145×50)
参考作品

色紙掛け(110×49)　参考作品

◆ギャラリー気分で

季節や気分でお部屋の雰囲気を替えてみては。
豊かな気持ちで楽しんで…。

色紙掛け　作り方68ページ
短冊掛け　作り方66ページ

◆和の静けさ
時間(とき)の流れが止まったような、和の空間。
静かにあなたを包みます。

風炉先屏風(55×174)　参考作品
屏風(74×174)　参考作品

19

◆袋ものがいっぱい

作るのも使うのも楽しいカラフルな袋もの。いくつあってもうれしい…。

セカンドバッグ(中央)　作り方74ページ
セカンドバッグ２点　参考作品
ミニポーチ　参考作品
ティッシュケース　参考作品

巾着(左)　作り方82ページ
巾着(右)　参考作品
まち付きポーチ　作り方72ページ
ミニポーチ　参考作品

巾着2点　参考作品

ベスト　参考作品
子供用ベスト2点　参考作品

◆オリジナルファッション

オリジナルデザインの、おしゃれなベストとお気に入りの玄関マット。

玄関マット (50×130)　参考作品

◆手づくりバッグとフロアマット

色や形にこだわって作った手づくりバッグと、温もりがいっぱいのフロアマット。
プレゼントにしても喜ばれます。

大きなショッピングバッグ　参考作品
フロアマット　作り方54ページ

ミニバッグ　参考作品
ショッピングバッグ　作り方78ページ
グリーンのミニバッグ　参考作品

◆エレガント・ティータイム

心地よいアフターヌーン、二人だけのひとときを優雅に楽しんでみては…。

ピンクのクッション　参考作品

ランチョンマットセット　作り方46ページ

◆大切な時間

大好きな物語の世界へタイムスリップ。
あたたかな明かりに包まれて…。

ブックカバー（中央）　参考作品
ブックカバー２点　作り方69ページ
ペンケース（右）　　作り方80ページ
ペンケース（左）　　参考作品
ミニパネル２点　　　作り方62ページ

メガネケース　参考作品

マフラー、バッグ２点　参考作品

◆ファッション小物たち
おしゃれを引き立たせる名脇役。出番を待っています。

日本橋 (540×720)

部分拡大

30

◆東海道五十三次

絵画的な作品を手がけ始めたころ、広重の版画を見て、その藍色の持つ不思議な魅力にひかれました。その後、染糸を使い、こぎん刺しの技法を生かして、藍色の魅力を再現したいと東海道五十三次を1枚1枚刺し続けています。犬や人物など、絵画的作品ならではの難しさを1作毎に感じながら。

参考作品

藤沢 (540×720)

原 (540×720)

蒲原 (500×640)

庄野 (500×640)

◆藍の魅力
紺と白のコントラスト。シンプルで美しい。

藍色ののれん（155×78）　参考作品

はじめに

　こぎん刺しは、日本の北部、津軽地方の農民の知恵から生まれ、当時貴重だった布の補強手段として衣服に施された幾何学模様の刺繡です。
横糸に沿って、縦糸を数えて拾ってゆき、布一面に刺すことで模様を作ります。
雪国の厳しい寒さに耐えるため、藍染めの麻の布目を白糸で刺して、耐久性と、保温性を高めたのが始まりで、次第にさまざまな模様刺しができて実用性の上に装飾性が加わり仕事着と同時に祭りの晴れ着にも使われるようになりました。

こぎん刺しとの出会い
　今から三十数年前青森に旅行した折、こぎん刺しの小物に出会って買い求め、一人で刺し始めました。
試行錯誤で三年、その後手芸関係の出版社にて、こぎん刺しの講座があることを知り、本格的に勉強を始めました。
1987年新たに、こぎん刺し同好の志が集まり木曜会を作り代表となりました。
従来のこぎん刺しは紺の布に白綿糸で刺したものですが、古典柄を大事に取り入れながらその柄を少しずつ変化させて取り組んでゆきたいと思っています。また現在は布、糸などもカラフルになってきていますので、布に合った独自の色糸を使った作品作りにしてゆきたいと思い、これからも少しずつ新しい物に挑戦してまいります。
1989年頃から絵画的な作品を手懸け金魚、鶴と富士、法宣寺の暮色などを手始めに広重の東海道五十三次、富嶽三十六景、帯、半てん、タペストリー、テーブルセンター、袋物などを作り、現在に至っております。

　　　　　　　　　　　　　　　　高木　裕子

こぎん刺しの基礎

材料と用具

■布

(1)コングレスクロス

　木綿平織地で、こぎん刺しには最適な布です。1cm角で縦6段、横7目くらいに織られていて刺しやすく色数も豊富です。布幅は32、50、90cmです。

(2)ミニコングレスクロス

　コングレスクロスに似ていますが、やや細い糸で細かく織られています。1cm角で縦7段、横8目くらいです。布幅は90cmです。

(3)麻平織地

　帯幅とよばれる32cm幅のものは縦6段、横8目くらい、やや細番手の糸で織られた50cm幅・90cm幅のものは縦7段、横9目くらいです。帯やタペストリーに使います。

(4)ファンシーヘッシャン

　麻平織地で、太めの糸で粗目に織られています。1cm角で縦6段、横7目くらいで布幅は90cmです。タペストリーなどに使います。

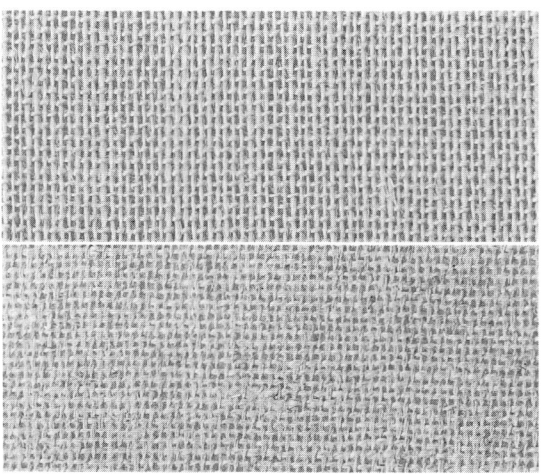

(5)ベンガルクロス

太めの麻糸で縦2本、横2本ずつ、ざっくりと織られています。2cm角で縦7段、横7目くらいで、布幅は94cmです。太めの糸で刺し、マットなどに使用します。

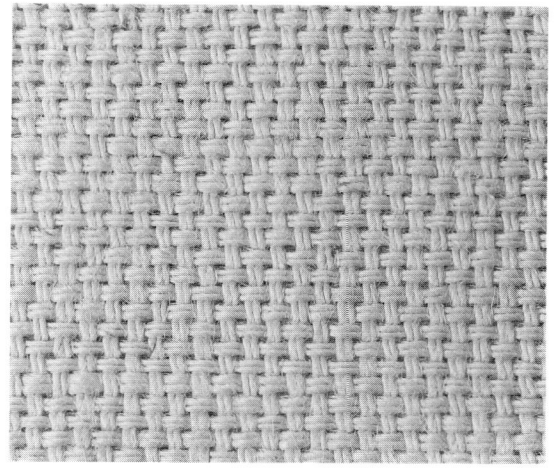

(6)ウール平織地

1cm角で縦7目、横7目くらいで、ベストなど衣類に使用します。刺し糸は毛糸で、ざっくりと刺します。布幅は50cmです。

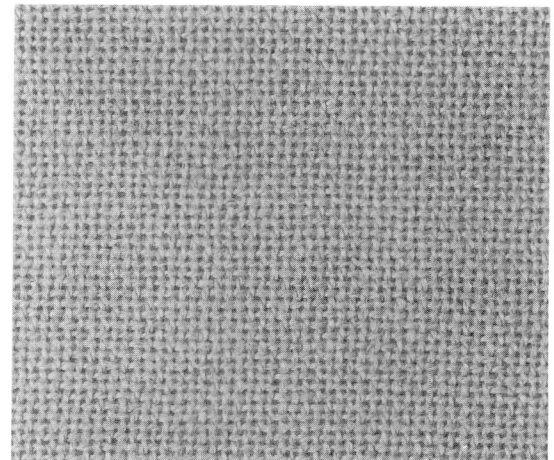

■糸

(1) **こぎん生成糸**(6本縒り)／1束45m
(2) **こぎん生成糸**(8本縒り)／1束74m
(3) **こぎん生成糸**(12本縒り)／1束50m

こぎん刺し用として市販されている、木綿の甘縒りの糸です。主に8本縒りを使用しますが、布の種類に応じて使い分けます。

(4) **こぎん色糸**(8本縒り)／1束24m

市販の木綿の色糸で、色数は23色あります。本書では使用していませんが、染糸の代用として使用することもできます。

(5) **こぎん色糸**(12本縒り)／1束26m

市販の木綿の色糸で、布目の粗いベンガルクロスなどに使用します。

(6) **こぎん染糸**(8本縒り)／1巻10g
(7) **こぎん染糸**(12本縒り)／1束40g

こぎん生成糸や織用の結束糸を、特注で染めたものです。段染め、ぼかし染めなど、微妙な色の変化を楽しむことができ、刺し上げた作品には立体感があります。(糸の染め方36ページ参照)

(8) **毛糸**
(9) **野蚕糸**／1束635m

野蚕から作られた絹糸で、独特の風合いがあり、色数は10色あります。

本書の作品には表記以外のものは8本縒りを使用しています。

■針

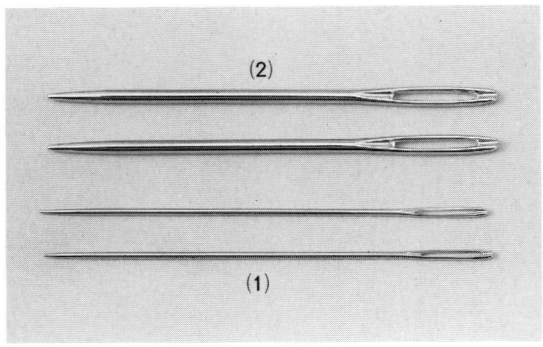

(1)こぎん針
(2)こぎん針(太番手用)

　市販のこぎん針2本組を用意すればよいでしょう。ベンガルクロスなどに太めの糸で刺すときは太番手用を使いますが、主に細いこぎん針を使います。

■その他

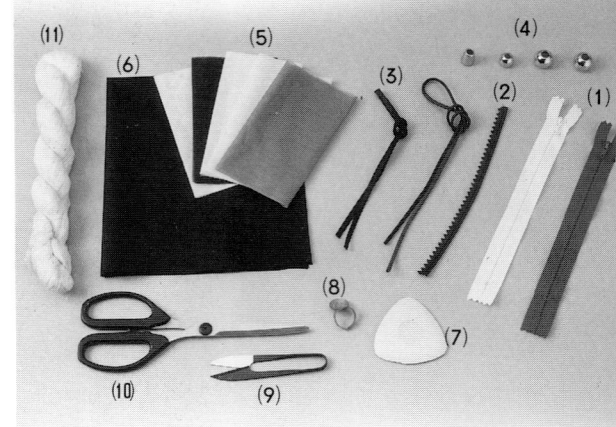

(1)ファスナー　(2)パイピングテープ
(3)ひも　(4)ひも先飾り　(5)接着芯(布・不織布)
(6)裏布　袋ものを仕立てるときに使用します。布の色やデザインなど、雰囲気に合った材質、色を選んで使用します。
(7)チャコペーパー　(8)指ぬき
(9)小バサミ　(10)裁ちバサミ　(11)しつけ糸

染糸について

　本書では染糸を使った作品を紹介しています。市販の色糸を代用するのも一つの方法ですが、染糸を使って刺し上げた作品には、立体感があり、微妙な色合いを楽しむことができます。一般的な糸の染め方を紹介しますので、チャレンジしてみましょう。染め方、乾燥の仕方など、同じ工程を踏んでも、仕上がりは少しずつ違い、そこが染糸の面白さともいえます。オリジナルな糸を使ってあなただけのこぎん刺しを作ってみましょう。

〈糸〉

◆織用の結束糸(木綿)／糸に付いている汚れや油を洗い落とし、精練してから染めます。

◆こぎん生成糸／精練してあるので、そのまま染めます。綛を縛っている糸がきつ過ぎると、その部分に染液が染み込みにくいので、糸を足して長くし、ゆるく縛り直してから染めます。

〈染料〉

直接染料、スレンなどの化学染料
水は糸量の20倍くらいです。
糸量に対する染料が5％くらいで、濃いめに染め上がるので、その都度様子を見ながら染めます。

〈用具〉

ステンレスまたはホーローの深鍋
丸棒または菜ばし2本

〈染め方〉

◆1色で染める／同色で色の濃淡ができます。
◆2色以上で染める(段染め、ぼかし染めなど)／2色以上使う場合は染めたい部分だけを染液に漬けて染める作業を、色数と同じ回数だけ繰り返します。

・段染め／くっきりとした段染めにするには、色の変わり目に違う色が入らないように、荷作りテープなどで縛ります。

・ぼかし染め／縛らないで染めるので、染液が染み上がって、自然なぼかしになります。

〈乾燥〉

染め終わったら水でよく洗い、竿に通して干します。風通しのよいところで2～3日かけて、陰干しにします。

(1) 2ミッ方眼紙
(2) 定規
(3) マグネットマーカー
　図案を作成するときに使います。

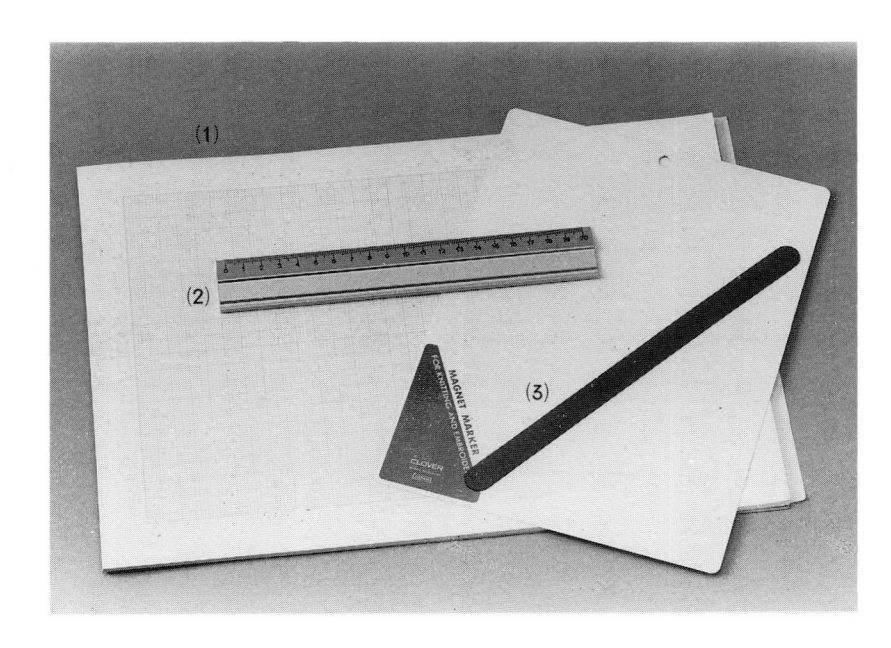

■マグネットマーカーの使い方

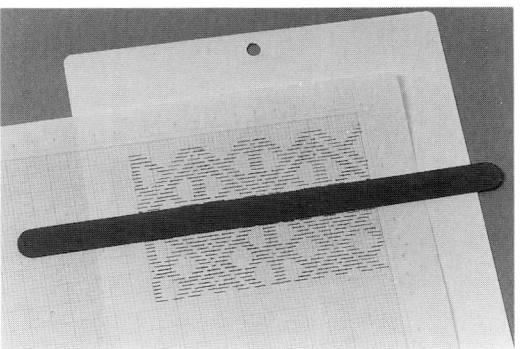

マグネットマーカーは図案を読むために使用します。メタルプレートの上に図案を置いて、刺している段にマグネットを合わせ、1段ずつ移動させて図案を確認しながら刺してゆきます。

◆ **精練の仕方**
- 高温の湯（糸量の20倍）
- 苛性ソーダ（3％）
- 中性洗剤（1％）

湯に苛性ソーダ、中性洗剤を加えてよくかき混ぜ、糸を入れて約30分煮ます。引き上げて冷まし、水洗いしてから干します。

〈段染め〉
直径1cm以上の丸棒か菜ばし
しっかり縛る
ステンレスまたはホーローの深鍋

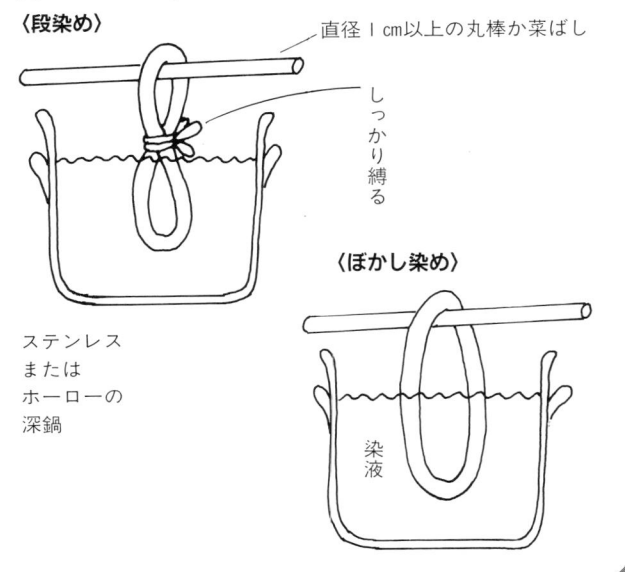

〈ぼかし染め〉
染液

図案の見方と配置の仕方

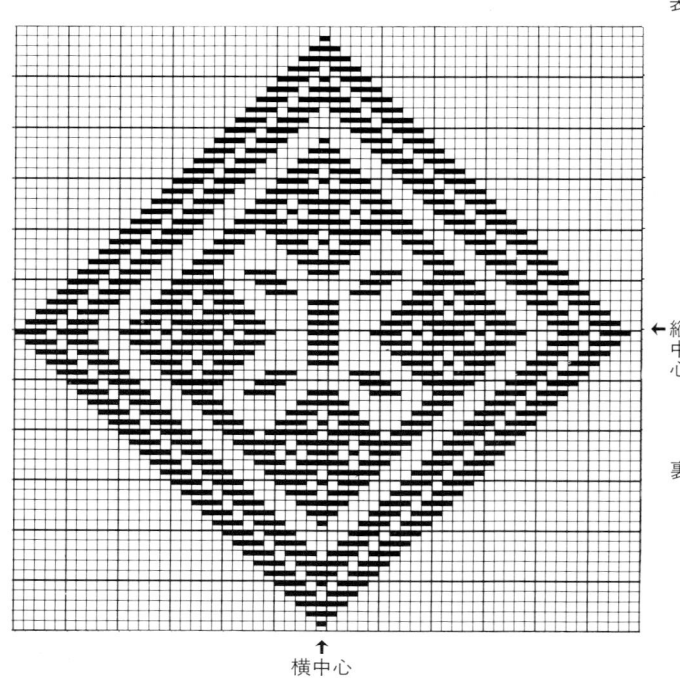

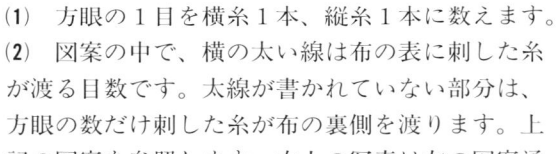

↑縦中心

↑横中心

表

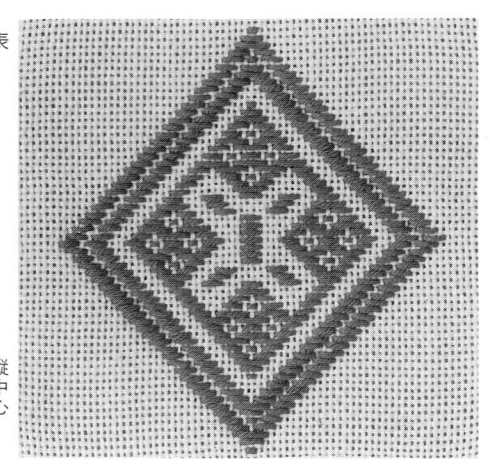

裏

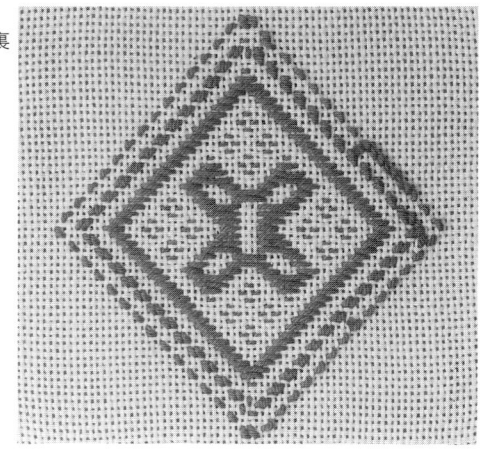

(1) 方眼の1目を横糸1本、縦糸1本に数えます。

(2) 図案の中で、横の太い線は布の表に刺した糸が渡る目数です。太線が書かれていない部分は、方眼の数だけ刺した糸が布の裏側を渡ります。上記の図案を参照します。右上の写真は左の図案通りに刺した表目で、下は裏目を表わしています。

(3) **図案が半分しかない場合** 図案が左右対称の場合は縦中心を決め、一方の側を刺し、次に反対に向かって図案を追ってゆきます。また、図案が¼しかない場合でも考え方は同じで、縦中心線から反対に見てゆき、半分刺し終わったところで、横中心線から反対に半分を見てゆきます。

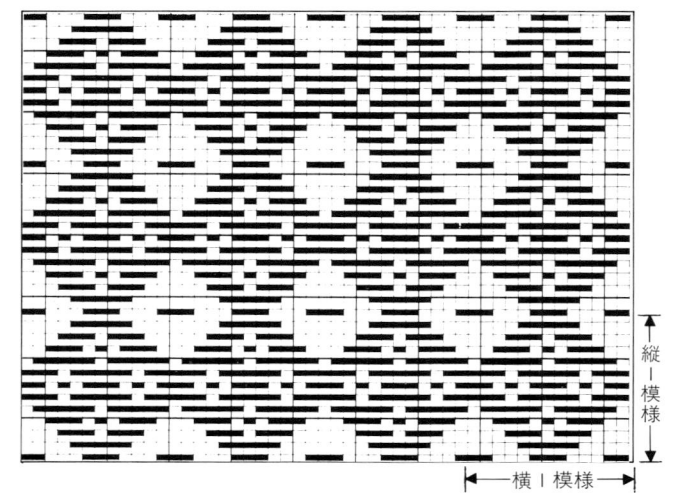

(4) **総模様の場合** 1模様が、どこから始まりどこで終わるかを見定め、それを入れようとする模様数だけ繰り返し、終わりは始まりと同じ状態になるようにします。つまり左右と上下対称に模様を配置すると、すっきりときれいに仕上がります（左図参照。横4模様、縦3模様）。

(5) **配置の仕方** 図案の目数と段数を数え、布の中心を求めて図案の中心を合わせ、模様の大きさ、配置を確かめてから布を裁ちます。

←縦1模様→

←横1模様→

作品の作り方

■刺す前に知っておきたいこと

〈布の裁ち方〉　布目に沿って、真っ直ぐに切ります。

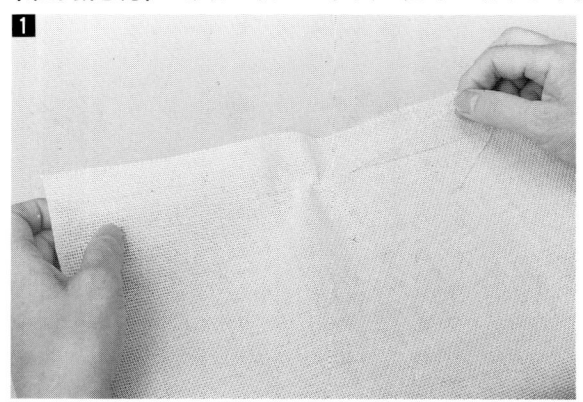

❶横糸を布端から約1cmくらいで切り、中心から引っ張って切る。

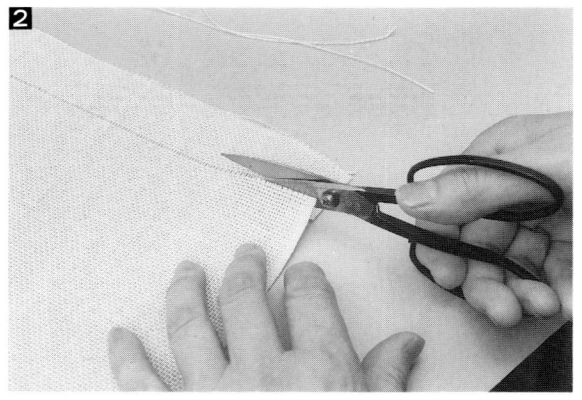

❷糸を抜いたところに沿ってハサミを入れ、真っ直ぐ切る。

〈縁回りのかがり方〉　布目が粗くほつれやすいので、刺す前にしつけ糸でかがって刺し始めます。

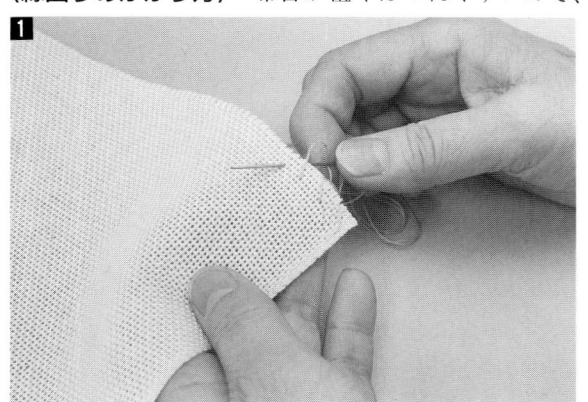

❶布端から1cmの深さに針を入れる。

❷1cm間隔ぐらいに回りをかがってゆく。

〈目数の数え方〉　模様の配置を決めるために目数、段数を数えます。

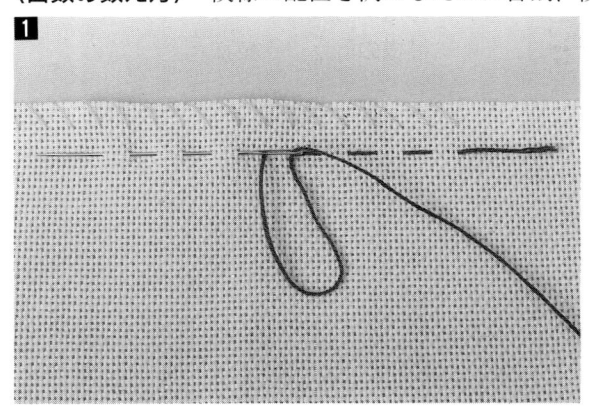

❶横に5目ずつ布目を拾ってゆく。

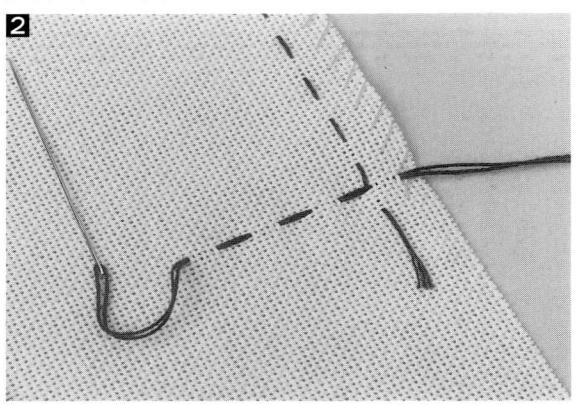

❷次は縦に5目ずつ布目を拾ってゆく。

■刺し方

〈刺し始め〉

総模様の場合、布の中心と図案の中心を合わせ、中心から刺し始めます。布端の打ち込み部分をはずした位置から5目ずつ拾って目数を数え、中心を求めます。

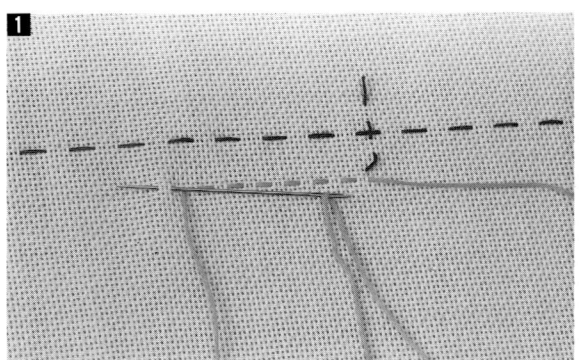

1 中心から針を出し、左半分を刺す。糸の右半分は残しておく。

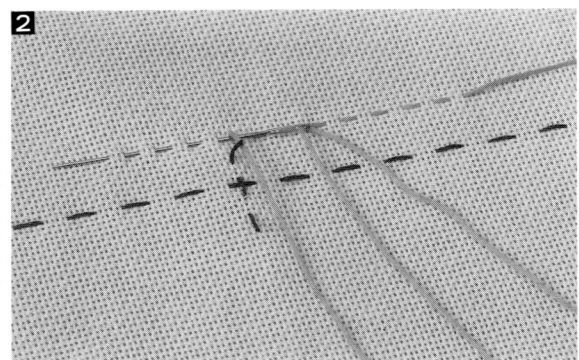

2 布を持ち替えて向きを変え、針に右半分の糸を通し替えて右半分を刺し、1段とする。

〈段の変わり目〉

同じ糸で続けて上の段、または下の段に進むときは、刺し糸がつれないように気をつけます。

1 段の変わり目は、2〜3㍉のゆるみを持たせて折り返す。

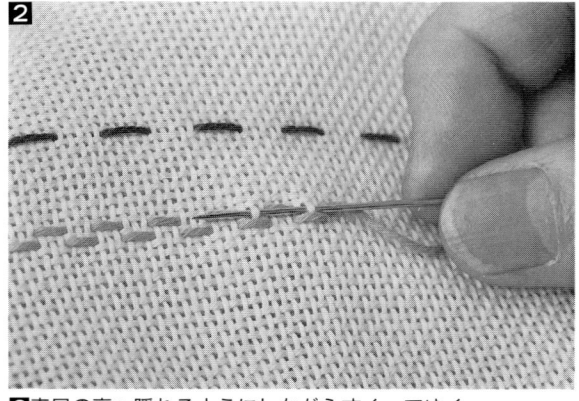

〈糸端の始末〉

刺し終わりの糸端は、始末用の糸を表側に5〜6cm残しておきます。

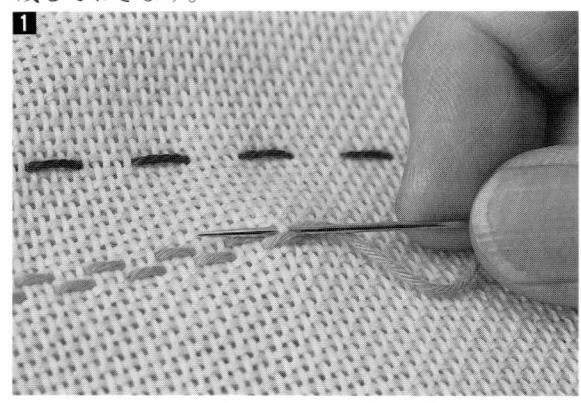

1 残した糸を針に通して布の裏側に戻し、表目の裏を1針すくう。

2 表目の裏へ隠れるようにしながらすくってゆく。

3 3〜4回表側に糸が出ないように縫い込み、糸を切る。

■縁の始末
〈三つ折りにする〉

横糸を抜いた糸でかがりますので、糸を抜くときに途中で切らないように気をつけます。ここでは分かりやすいように濃い別糸を使っています。

1 横糸を2～3段抜き、布端を三つ折りにして、しつけをする。
2 かがり糸を針に通し、針を折山に出す。
3 糸を抜いた部分の布端をすくう。
4 針の向きを換えて折山を3本すくう。
5 糸を抜いた部分の縦糸を3本すくう。
6 5の⑦の部分に針を入れ、折山を3本すくう。
7・**8** 5～6を繰り返し端までかがる。
　2方を始末する場合、三つ折りにしてかがり、角の始末をする。

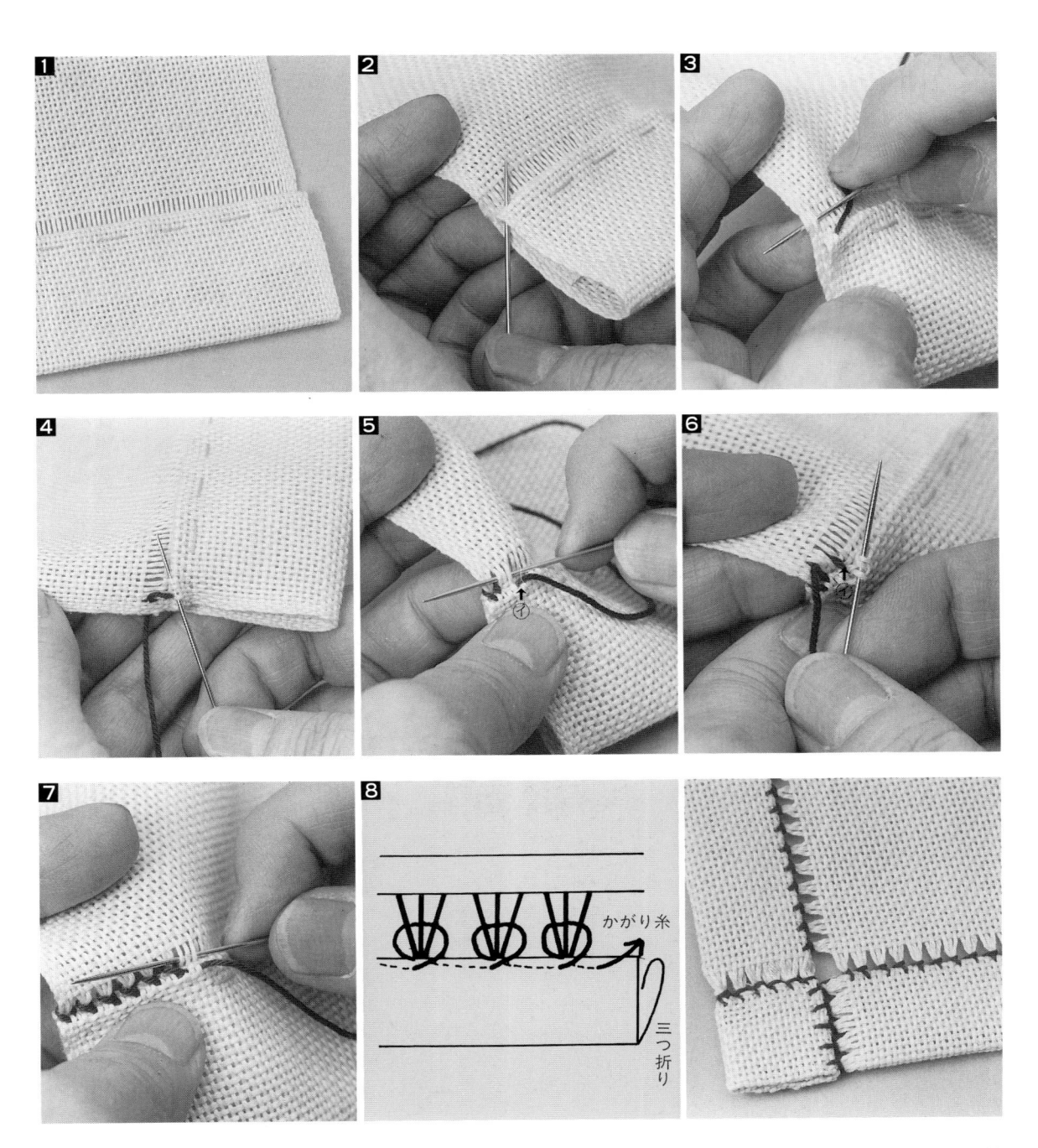

〈フリンジにする〉
三つ折りと同様に抜いた糸でかがります。

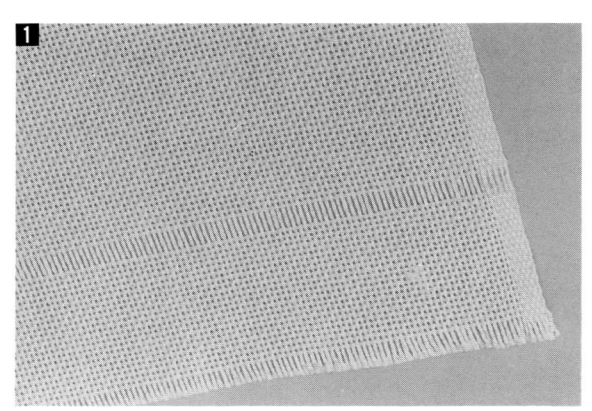

1 フリンジの長さを決め、横糸を2～3段抜く。

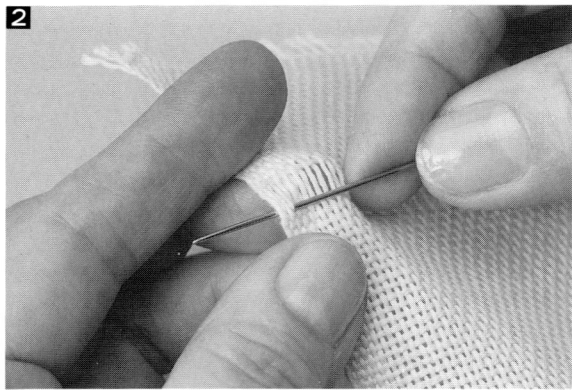

2 縦糸3～4本入ったところに針を入れる。

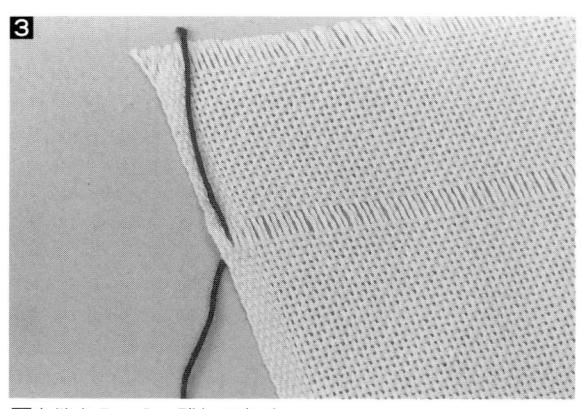

3 糸端を5～6㎝残しておく。

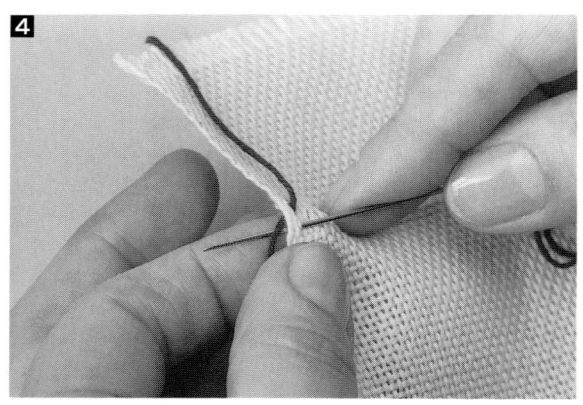

4 再び同じところへ針を入れる。

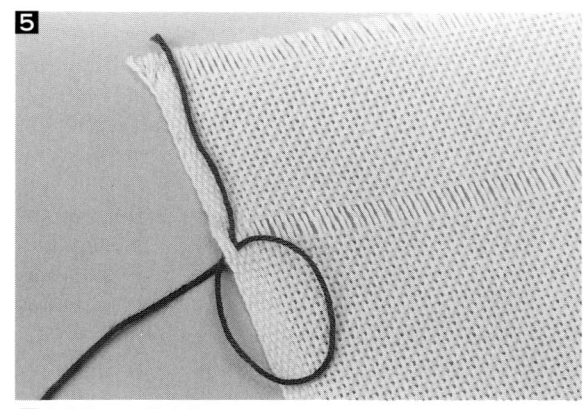

5 糸を抜いて輪を作る。

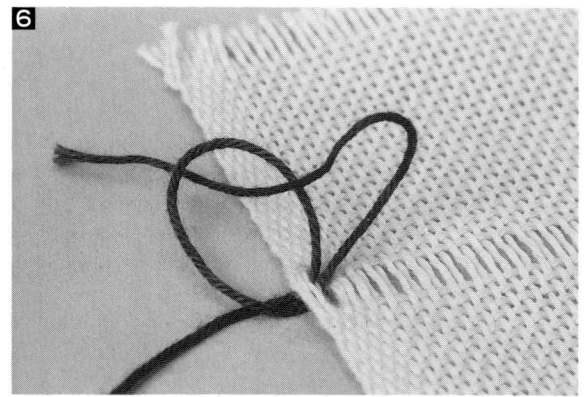

6 3で残しておいた端糸を輪に通す。

《きれいに刺すために》

⑴布と糸について
　布地に合った素材や太さの糸を選びましょう。ベルガルクロスなどの布目の粗いものには、糸の種類により12本縫りぐらいの太い糸で刺しますし、ウール地などには毛糸を使うこともあります。

⑵糸の長さ
　糸の長さは一般的には布幅の3倍が目安で、途中で継ぐことのないようにします。あまり長過ぎると糸が傷みますし、初心者には刺しにくいので、布幅が広いときは、短めにすることもあります。

⑶刺し加減を調節
　糸の縒りが強くなる人やゆるくなる人、刺し上がりがきつい人やゆるい人など、刺し方には個人差があるので、自分のくせを知り、調節をしながら刺すようにします。

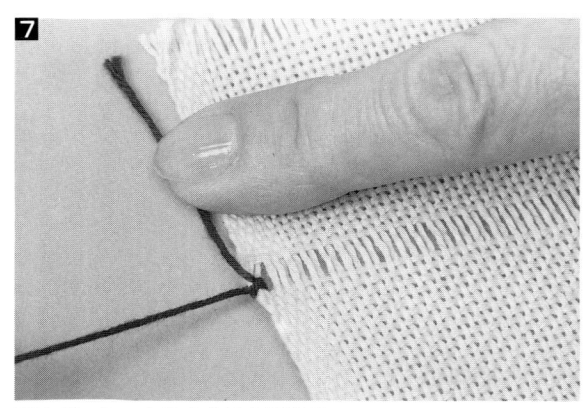

7 布端でしっかり糸を引き締める。

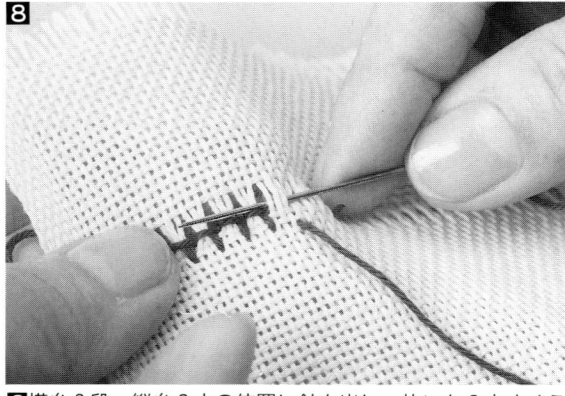

8 横糸2段、縦糸3本の位置に針を出し、抜いた3本すくう。

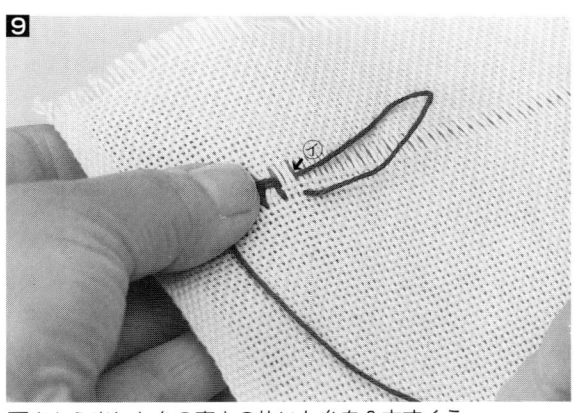

9 裏から出した糸の真上の抜いた糸を3本すくう。

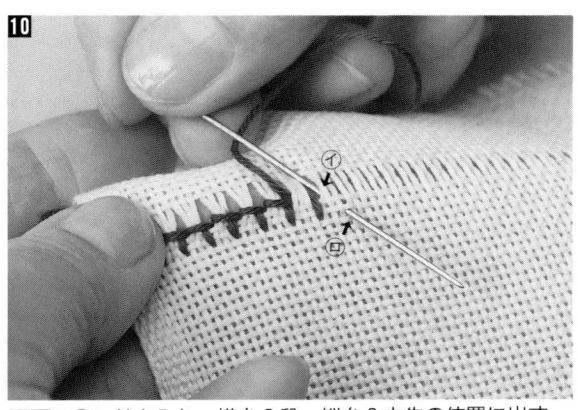

10 9のイに針を入れ、横糸2段、縦糸3本先の位置に出す。

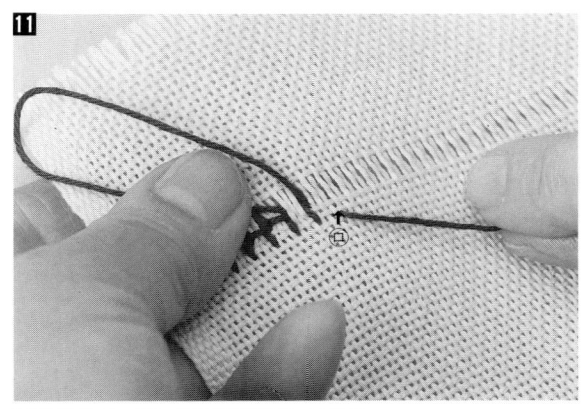

11 糸を抜く。8～10を繰り返しかがる。

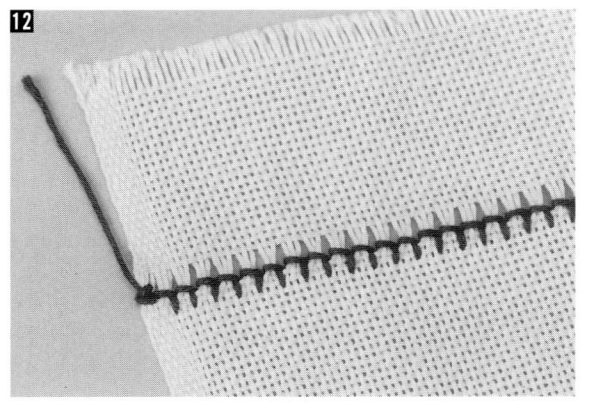

12 かがり目から布端まで横糸を抜き、フリンジにする。

作品の作り方

キッチンクロス

カラー口絵6ページ

　初心者の方でも取り組みやすい作品です。全面が同じ柄で単調になりがちですのでパターンを変化させてみてもよいでしょう。

◆**材　料**

	種　類	使用量
布	コングレスクロス(ベージュ)	52×32cm
糸	こぎん染糸(ピンク)	3巻

◆**ゲージ**　1cm角／6段×7目

◆**刺し方**

(1)**刺し始め**／布の中心と図案の中心を合わせ、中心の左3目から刺す。
(2)左右に1段刺し、上に向かって刺す。山の部分は、1山ずつ刺す。
(3)下半分も同様に刺す。

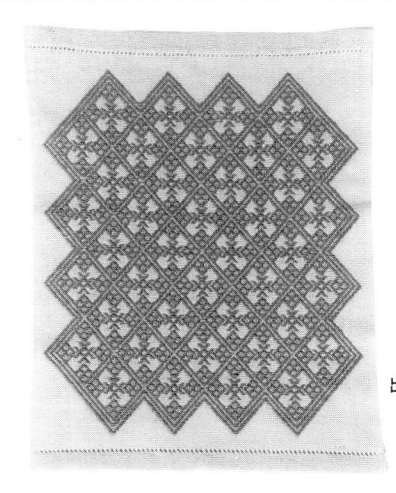

出来上がり寸法
46×32cm

◆**作り方**

(1)両端を3cm折り返して三つ折りにし、縁の始末をする。

【配置図】　　　　　　　　　　単位＝cm

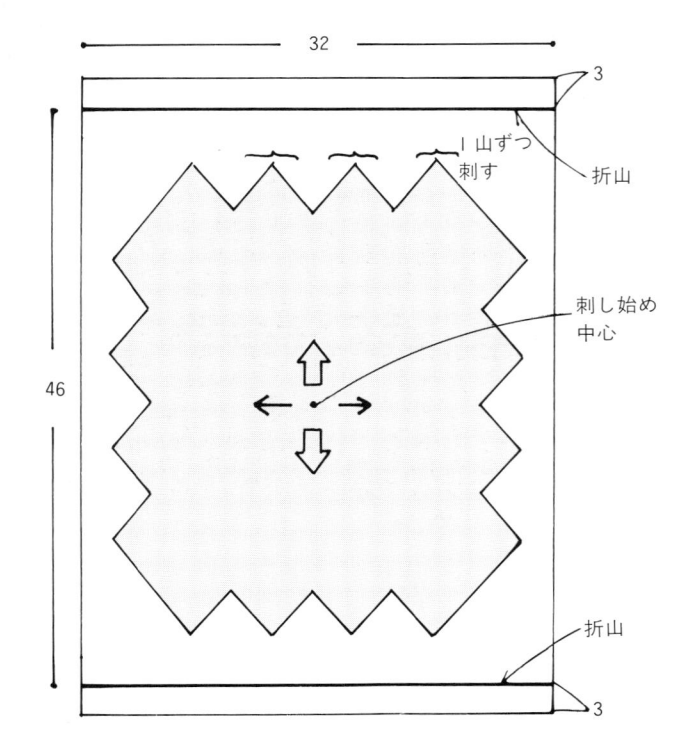

■**パターンの変化**

　図案通りに全面を刺し埋めないで、何模様か空けてみたり、部分的に変化させてみましょう。同じ図案を少しアレンジするとパターンの変化を楽しむことができます。

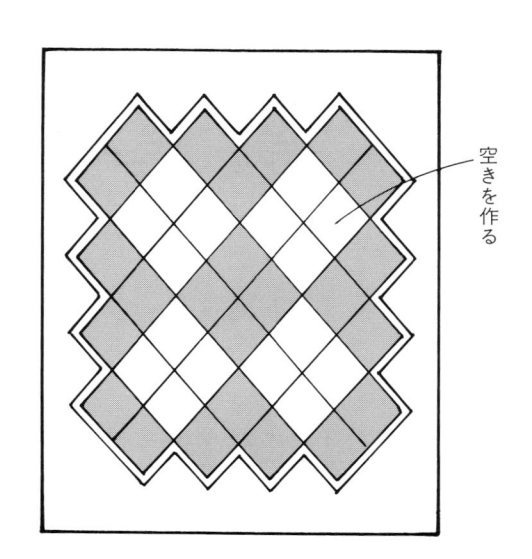

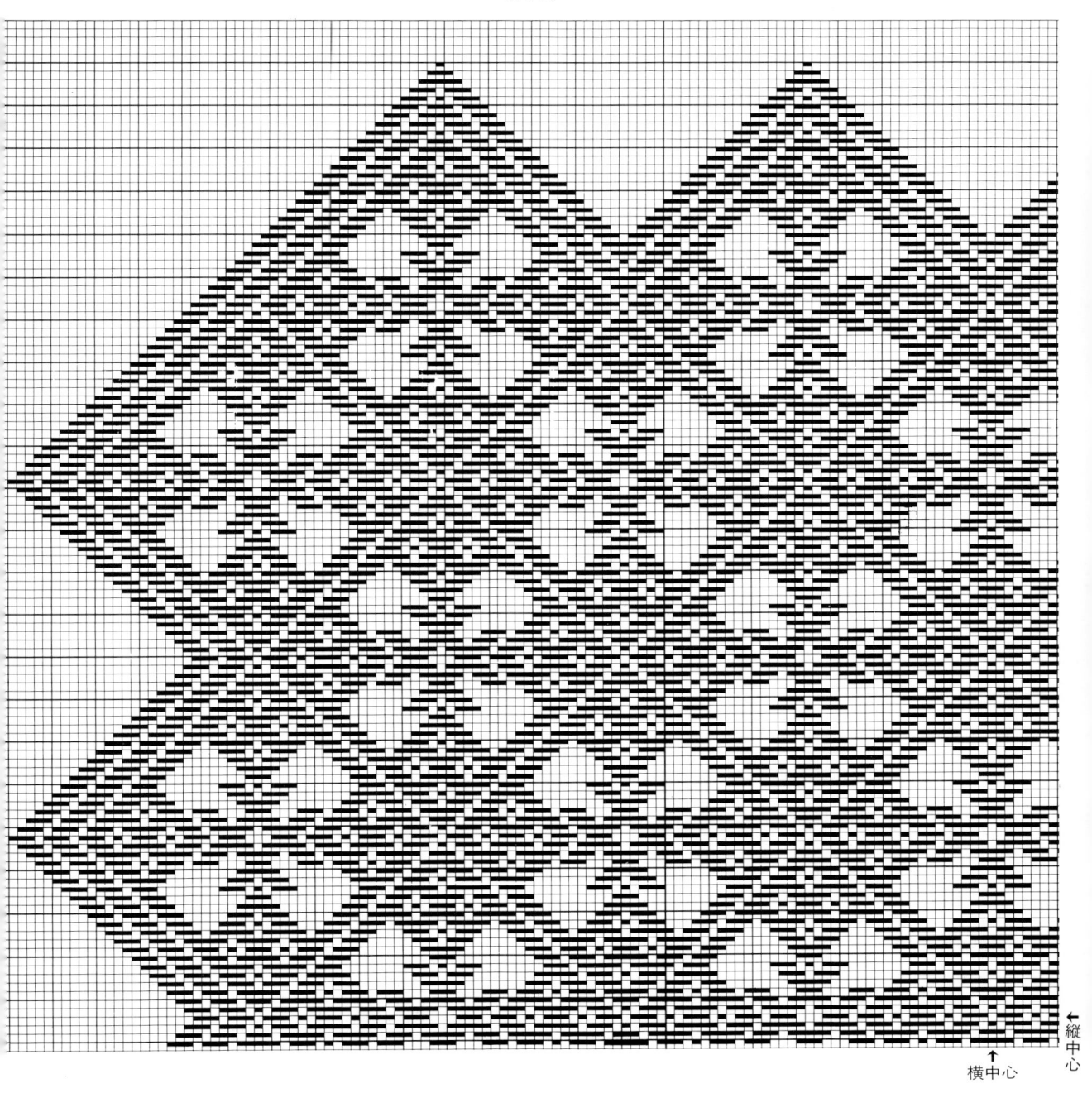

【図案】

← 横中心
← 縦中心

ランチョンマットセット

カラー口絵27ページ

　図案を少しアレンジして、ティーマットとペアにしてみました。手作りケーキを添えて、優雅なアフターヌーンティーをどうぞ。

◆材料

布	種類	使用量
布	コングレスクロス（ベージュ）	28×33cm（ティーマット） 39×49cm（ランチョンマット）
糸	こぎん染糸（赤茶）	1/3束（ティーマット） 1束（ランチョンマット）

◆ゲージ　1cm角／6段×7目
◆刺し方

ランチョンマット

(1)**刺し始め**／布の横中心・下から3cmと図案の下中心を合わせて、中心の左2目から刺す。
(2)左右へ1段刺し、上に向かって15段刺す。
(3)両側を別々に上に向かって刺す。
(4)上段を端から1段刺し、上に向かって15段刺す。

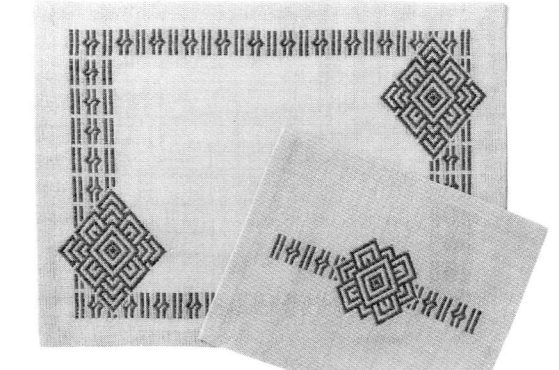

出来上がり寸法／22×27cm（ティーマット）
33×43cm（ランチョンマット）

【図案】

下中心刺し始め↑

46

【図案】

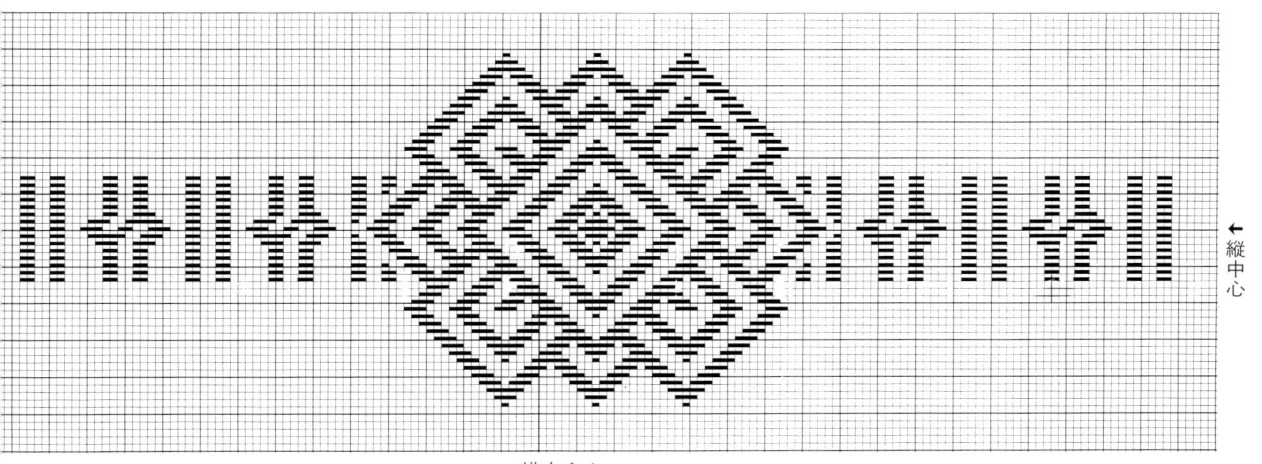

横中心↑

【配置図】　単位＝cm

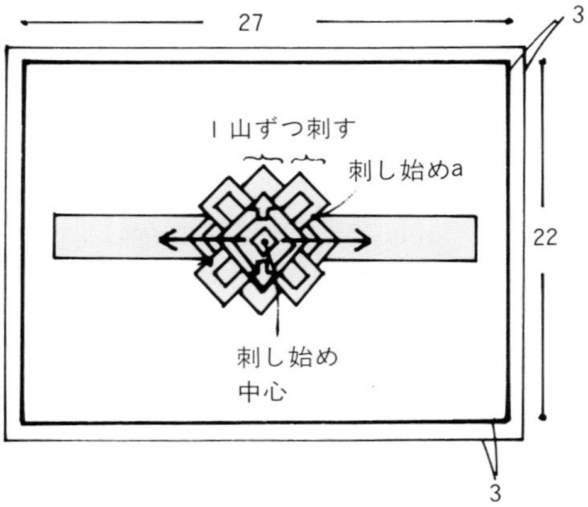

ティーマット

(1) **刺し始め**／布の中心に図案の中心を合わせて、中心5目から刺す。
(2) 左右に1段刺し、上に向かって8段刺す。
(3) aから左へ1段刺し、上に向かって12段刺す。13段目からは1山ずつ刺す。
(4) 下半分も同様に刺す。

◆**作り方**
(1) 布の周囲を3cm折り、三つ折りに始末する。角は額縁に折ってまつる。

■**額縁の仕方**

出来上がり線
縫い合わせる部分
縫い合わせる
まつる

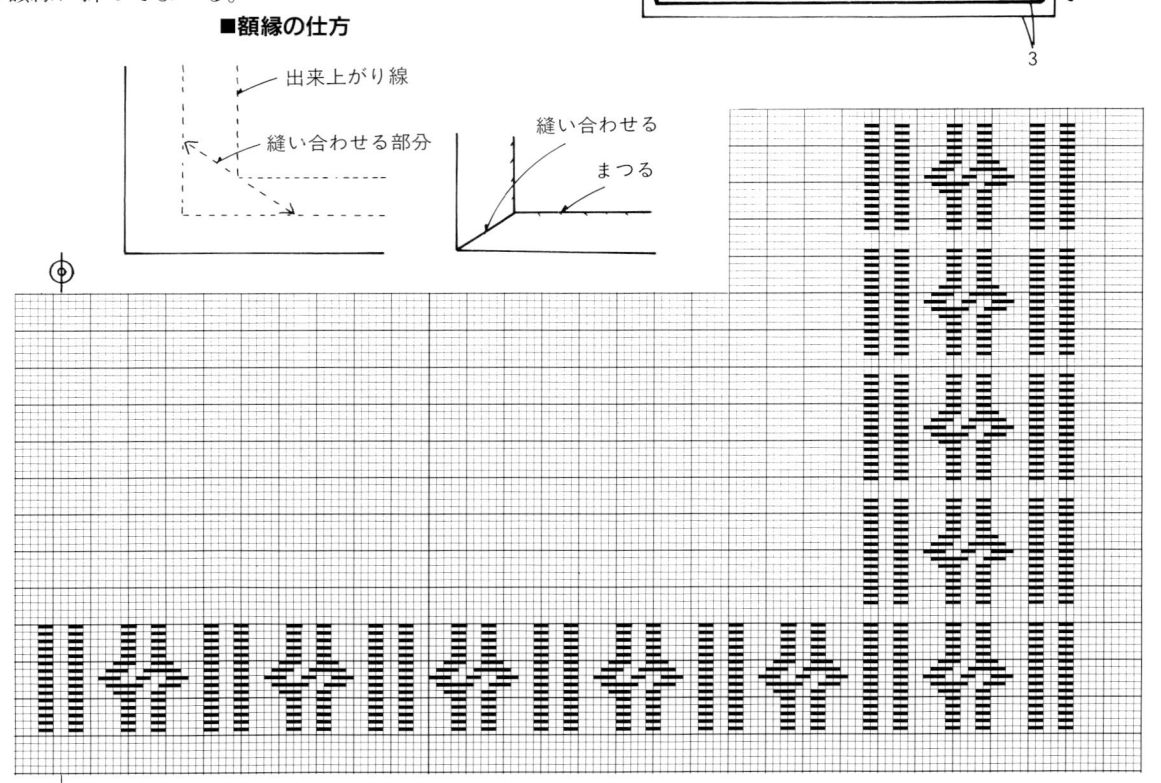

47

菱形模様のテーブルセンター

カラー口絵10ページ

図案は同じパターンを変化させて、配置で面白さを出しました。シンプルで落ち着いた配色が、図案を一層、引き立てています。

◆材 料

	種 類	使用量
布	コングレスクロス(ベージュ)	80×32cm
糸	こぎん染糸(茶色) 　　　　(グリーン)	2巻 1巻

◆ゲージ　1cm角／6段×7目

◆刺し方

図案Ⅱ、Ⅲは茶色、Ⅰをグリーンで刺します。

(1)**刺し始め**／布の中心に図案Ⅰの中心を合わせて中心の左3目から刺す。

(2)左右に1段刺し、上に向かって9段刺す。10段目から21段目の山形の部分は1山ずつ刺し、上半分を刺したら下半分も同様に刺す。

(3)図案Ⅱを図案Ⅰの上下に1か所ずつ、6か所、中心の左3目から左右に1段刺し、上半分を刺してから下半分を刺す(図案の間隔は配置図参照)。

(4)図案Ⅲを2か所、中心の左3目から同様に刺し、山形の部分は1山ずつ刺す。

◆作り方

(1)布端を3cm折り返して三つ折りにし、縁の始末をする。

【配置図】　　　　　　　単位＝cm

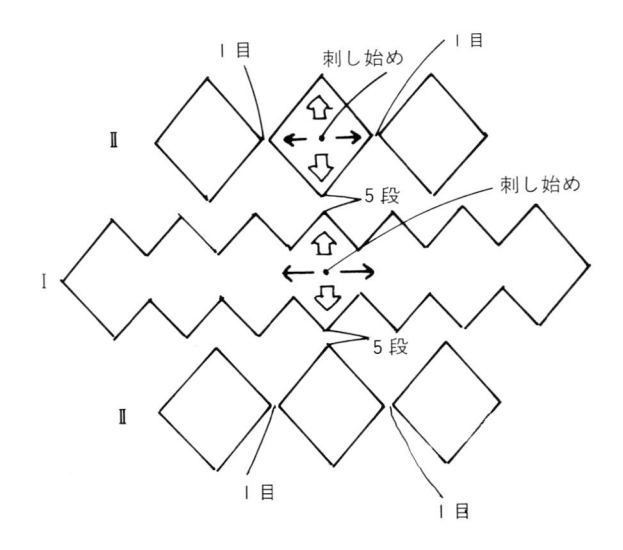

出来上がり寸法
74×32cm

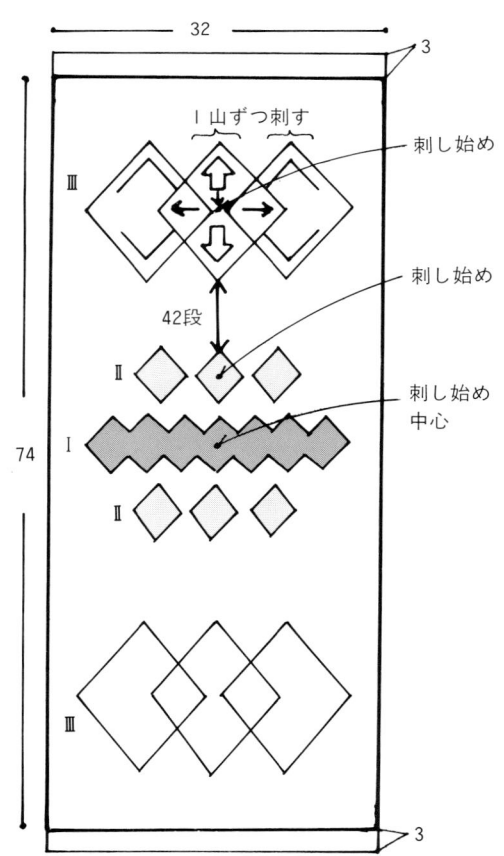

【図案Ⅰ】　　　　　　　　　　　　【図案Ⅱ】

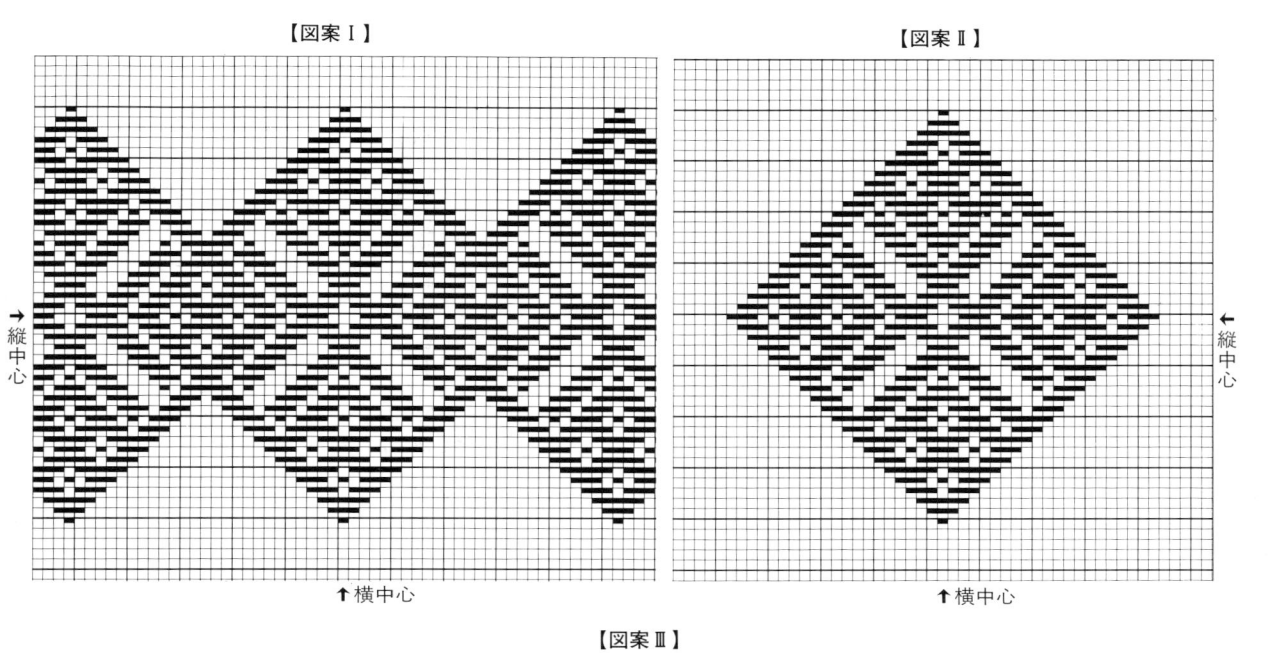

↑横中心　　　　　　　　　　　　　↑横中心

【図案Ⅲ】

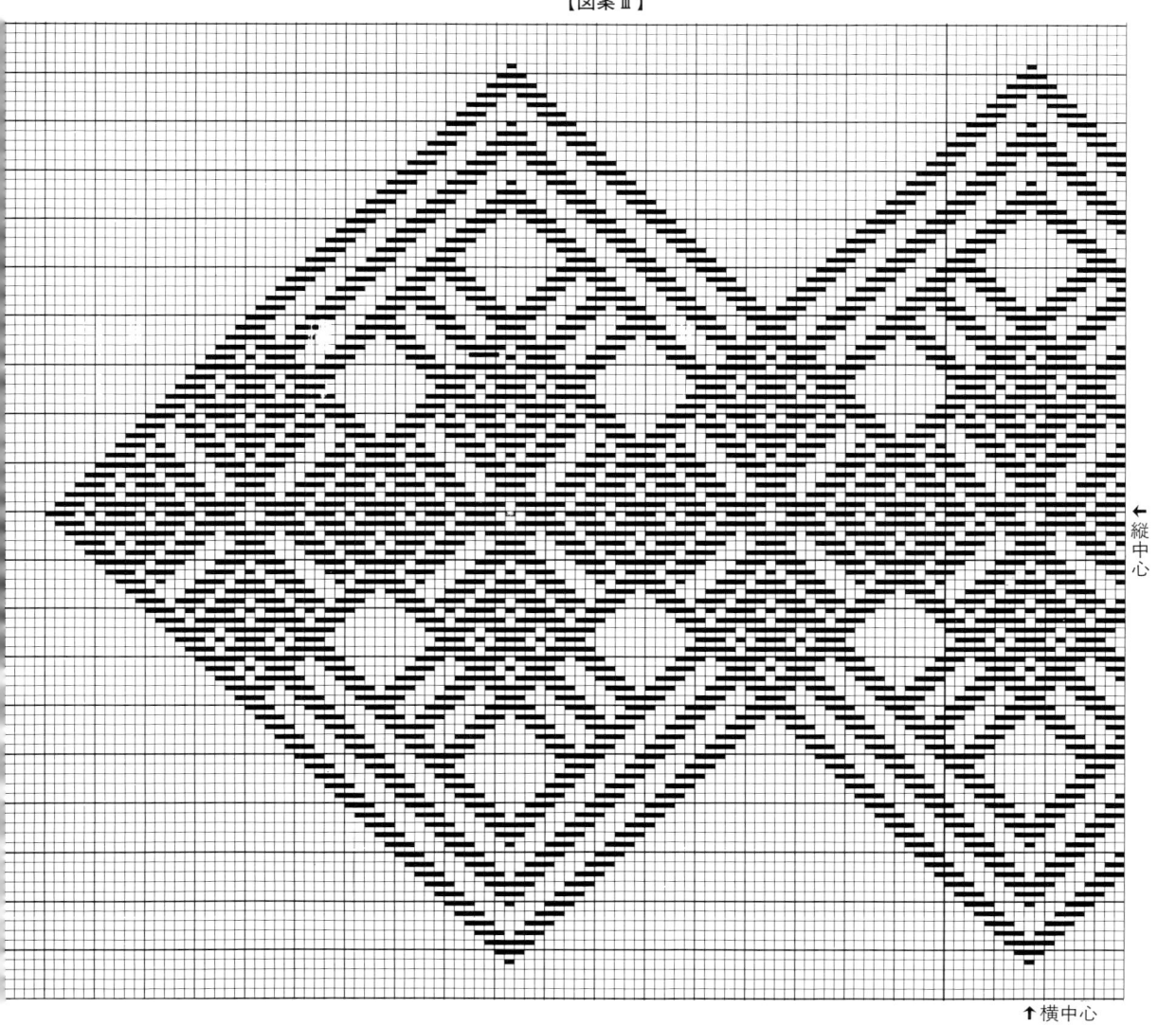

↑横中心

テーブルセンター

カラー口絵4ページ

こぎん刺しには珍しいビビットカラーのテーブルセンターです。同じ図案を使って色違いの作品も紹介しました。シックな色合いなので、ソファカバーにしても素敵です。

◆材 料

	種　類	使用量
布	ミニコングレスクロス（ピンク）	63×32cm
糸	こぎん染糸（グレー）	2巻

◆ゲージ　1cm角／7段×8目
◆刺し方

(1)刺し始め／布の中心に図案Ⅰの中心を合わせて、中心3目から刺す。
(2)左右に1段刺し、上半分を刺してから、下半分を刺す。
(3)最後の菱形の山は、1山ずつ刺す。
(4)図案Ⅰを囲むように図案Ⅱを刺す。

◆作り方
(1)両端を3cmのフリンジにする。

出来上がり寸法／63×32cm

【配置図】　　　　単位＝cm

図案Ⅱ
フリンジ
図案Ⅰ
刺し始め中心
63
32
3
フリンジ
3

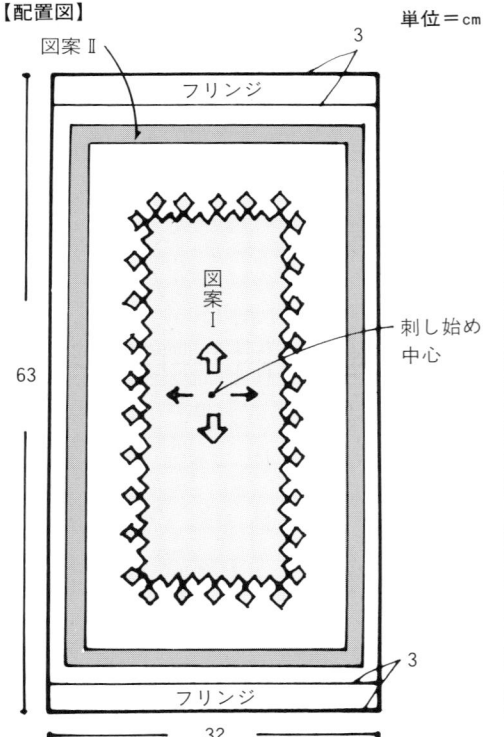

■同じ図案を使ったソファーカバー

布の色や大きさ、糸の色を替えて、違う作品を作ってみました。布の大きさによって模様を増やしたり減らしたり、いろいろアレンジしてみましょう。

カラー口絵3ページ

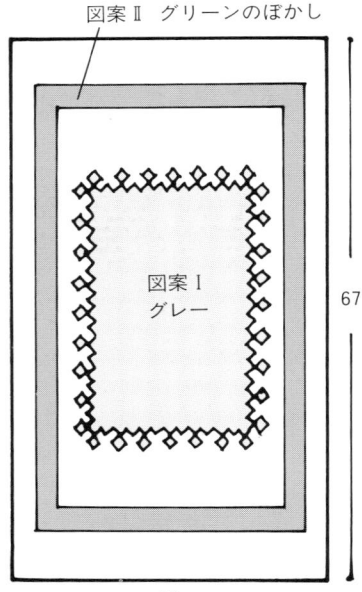

◆材 料
ミニコングレスクロス（ベージュ）／73×44cm
こぎん染糸（グレー）／1巻
（グリーンのぼかし）／2巻

図案Ⅱ　グリーンのぼかし
図案Ⅰ　グレー
67
38
3cmの縫い代をつけて裁つ

【図案】

図案Ⅱ

図案Ⅰ

縦中心→

刺し始め

↑横中心

コースター4点

カバー表

布や糸の色を替えてたくさん作ってみましょう。同じ図案が違ったイメージに仕上がります。額に入れて飾ると、お部屋の素敵なワンポイントに…。

◆**材　料**(1枚分)

	種　類	使用量
布	コングレスクロス(ベージュ)	12×12cm
糸	こぎん染糸(赤)	40cm

◆**ゲージ**　1cm角／6段×7目

◆**刺し方**

4模様とも同様に刺します。

(1)**刺し始め**／布の中心に図案の中心を合わせて、中心から刺す。

(2)左右に1段刺し、上半分を刺してから下半分を刺す。

◆**作り方**

(1)刺す前に、布端から1cmの位置を2周、ミシンで縫っておく。

(2)刺し終えたら、周りの糸を抜いてフリンジにする。

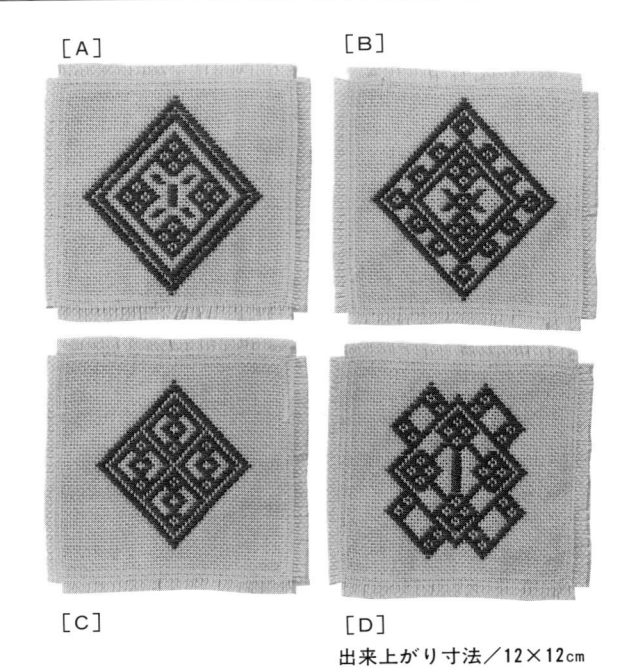

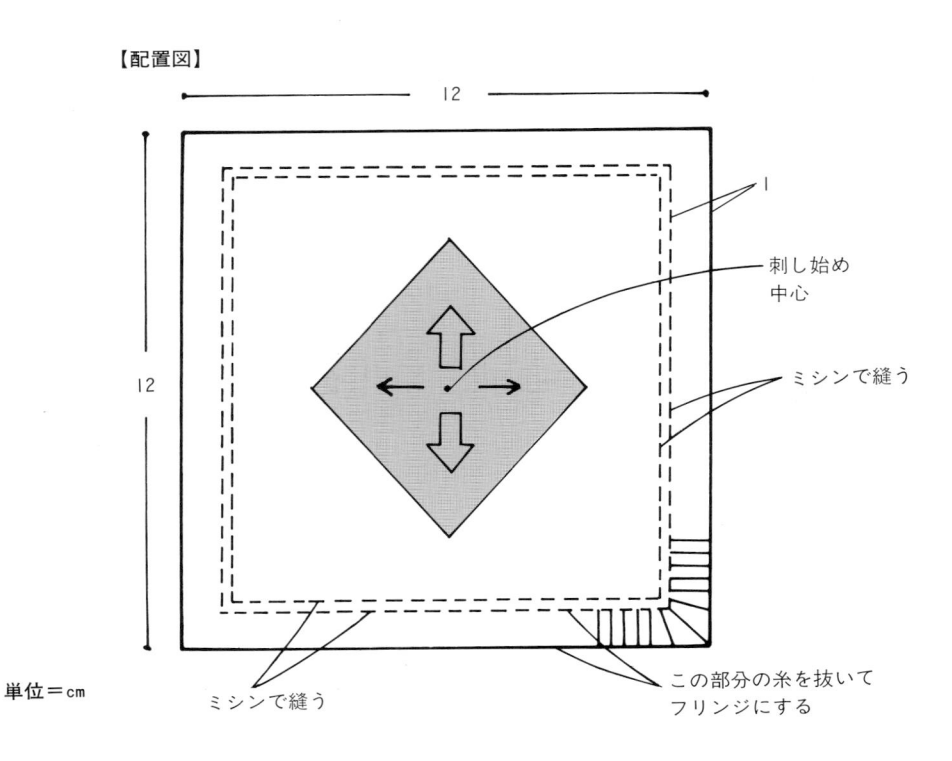

[A]　[B]

[C]　[D]

出来上がり寸法／12×12cm

【配置図】

単位＝cm

刺し始め　中心

ミシンで縫う

ミシンで縫う

この部分の糸を抜いてフリンジにする

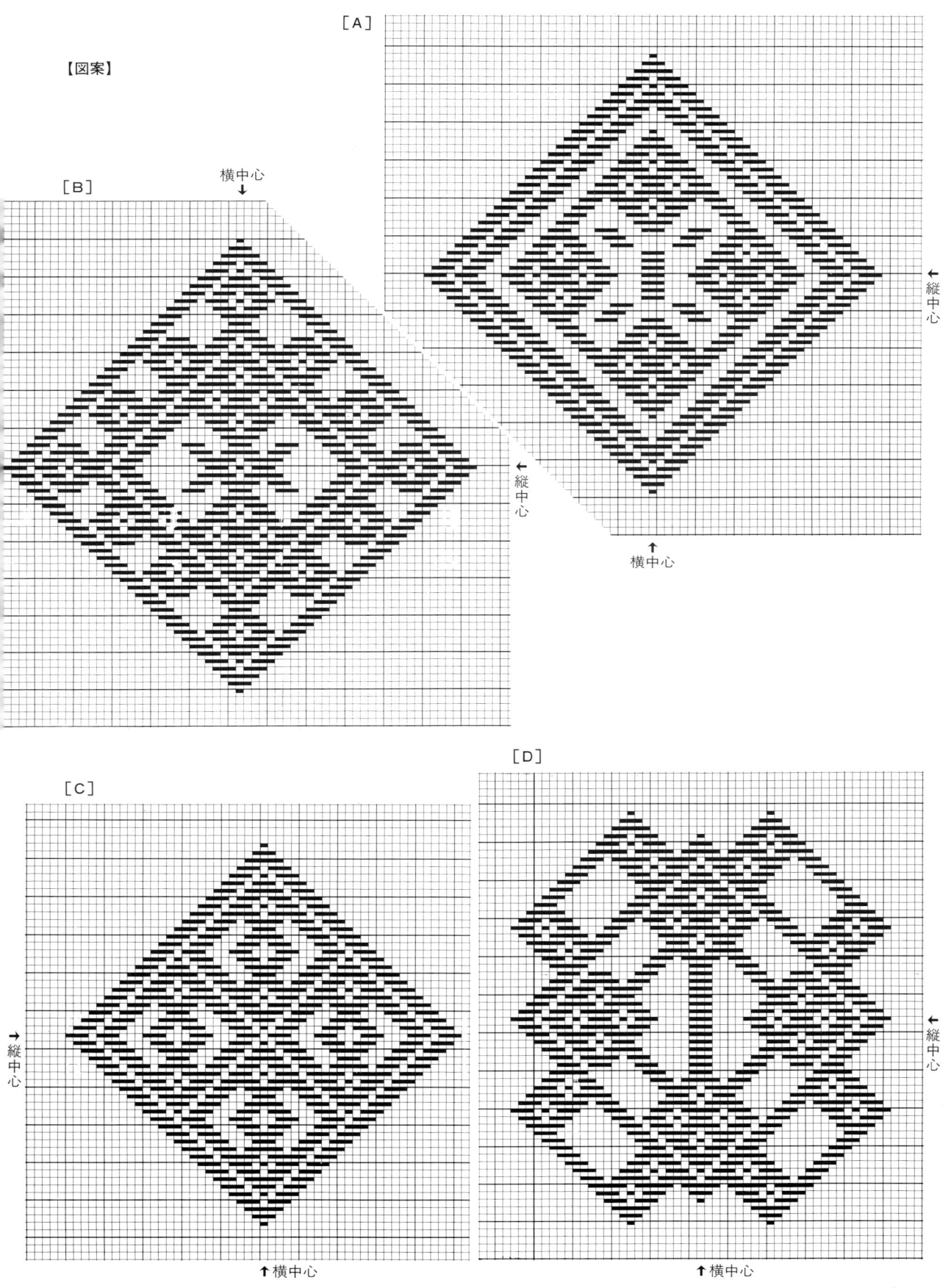

【図案】

[A]

[B]

←縦中心

横中心↓

[C]

[D]

↑横中心

←縦中心

↑横中心

↑横中心

53

フロアマット

カラー口絵24ページ

　色や模様の組み合わせがオリエンタル調で、新しいイメージのこぎん刺しです。マット類の裏布は、少し厚手で滑らないものが最適です。

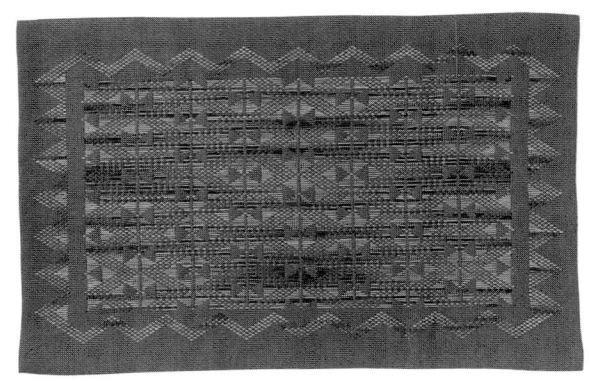

◆**材　料**

	種　類	使用量
布	ベンガルクロス(グレー)	67×93cm
糸	こぎん染糸(からし)12本縒り	3束
その他	裏布(紺)	57×87cm

出来上がり寸法／57×87cm

◆**ゲージ**　2cm角／7段×7目

◆**刺し方**

　図案Iを刺してから、周りの図案IIを刺します。

(1)**刺し始め**／布の中心に図案Iの中心を合わせ、中心2目aから刺す。

(2)左右に1段4模様刺し、上半分を刺してから下半分を刺す。縦は6模様になる。

(3)図案IIはbから右へ1段刺し、上に向かって刺す。山形の部分は1山ずつ刺す。

(4)下半分も同様に刺す。

◆**作り方**

キッチンマットと同様にする。
(58ページ参照)

【図案】

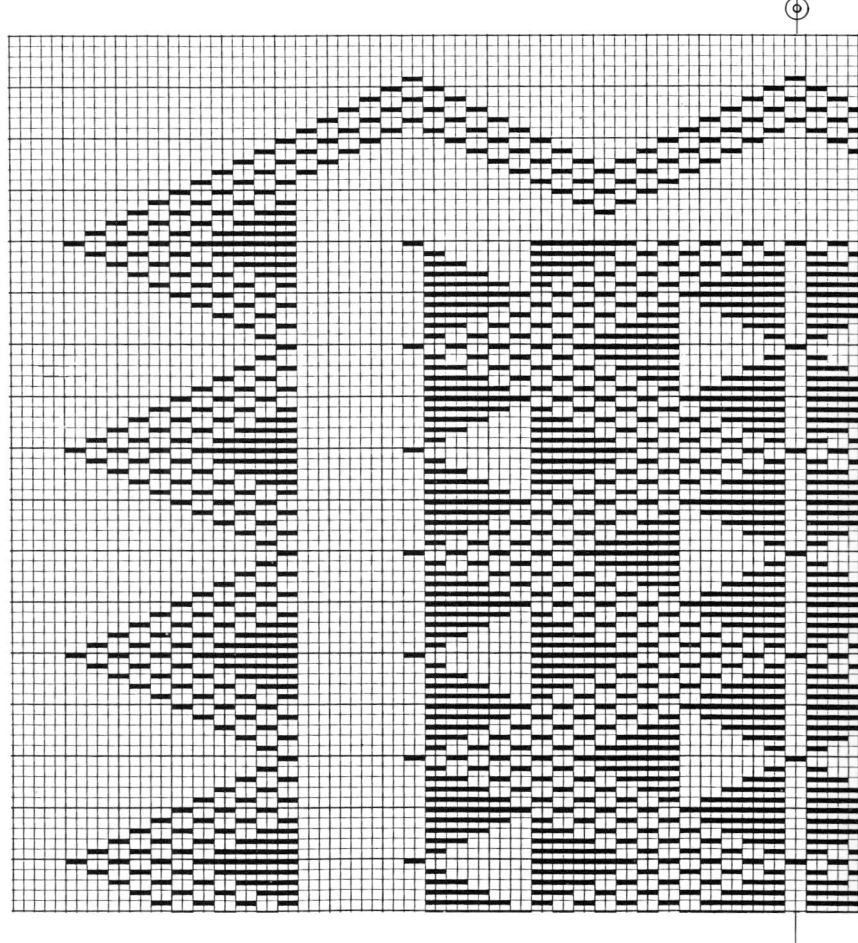

【配置図】

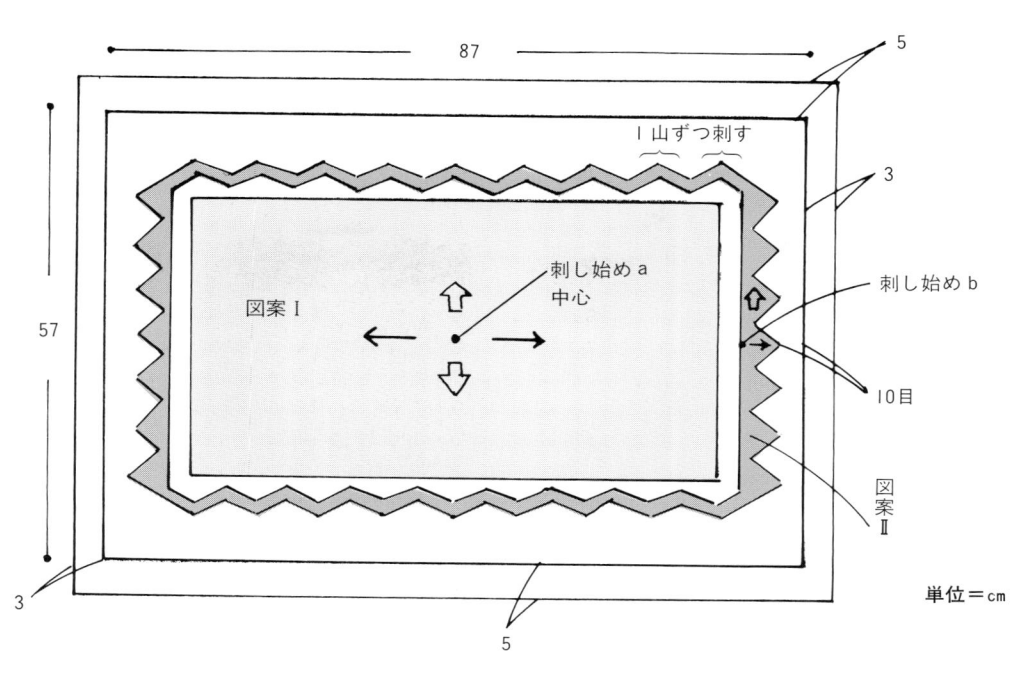

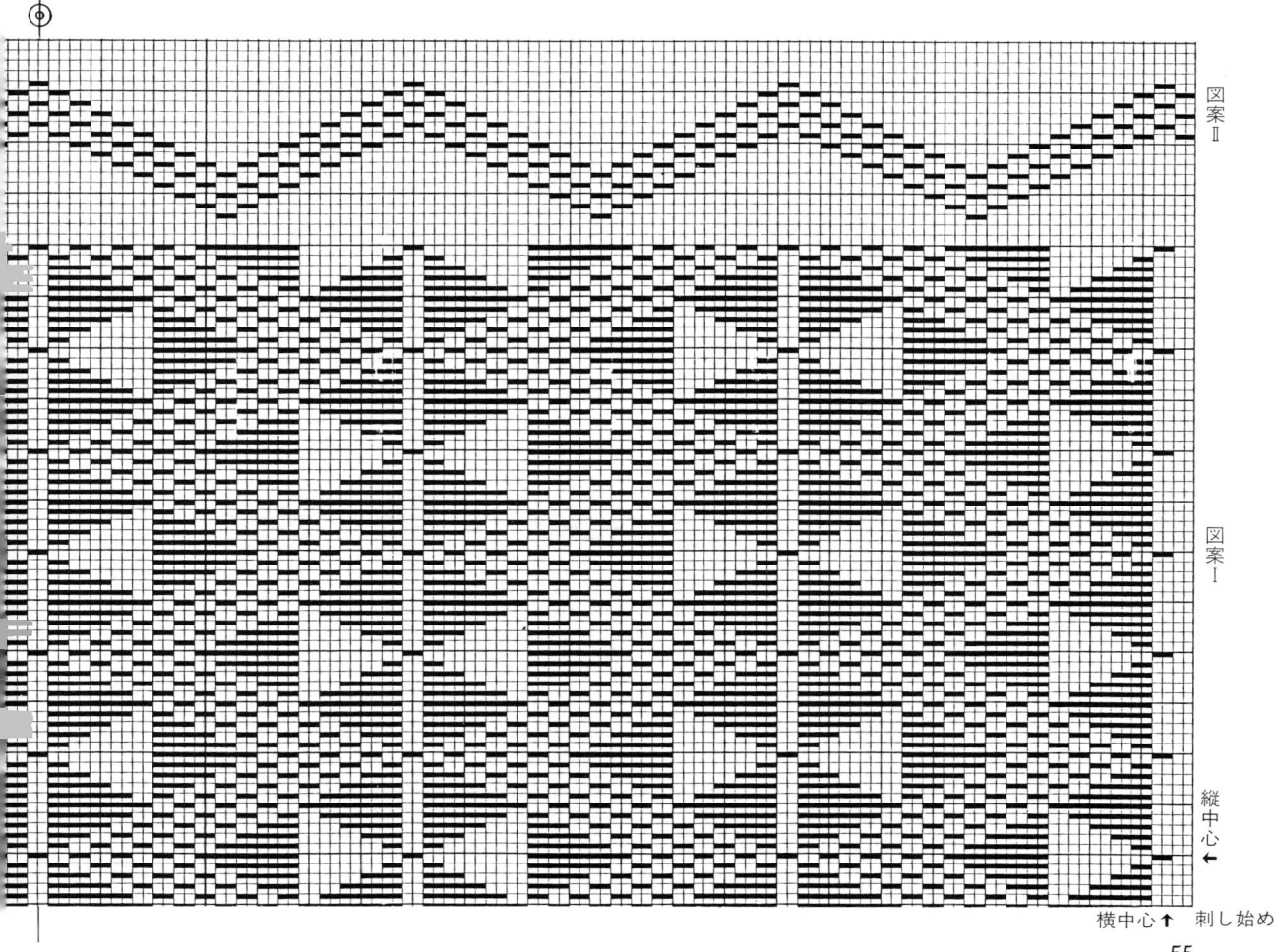

1山ずつ刺す

図案 I

刺し始め a 中心

刺し始め b

10目

図案 II

単位＝cm

図案 II

図案 I

縦中心

横中心 ↑ 刺し始め

キッチンマット

カラー口絵 7 ページ

　ベンガルクロスを太めの糸で、ざっくりとした風合いに仕上げました。網代と市松の古典柄が、モダンに生まれ変わりました。

◆ 材　料

	種　類	使用量
布	ベンガルクロス（紺）	80×96cm
糸	こぎん染糸（ピンク、グリーンの段染め） 12本縒り	3束
その他	裏布（紺）	70×80cm

【図案】

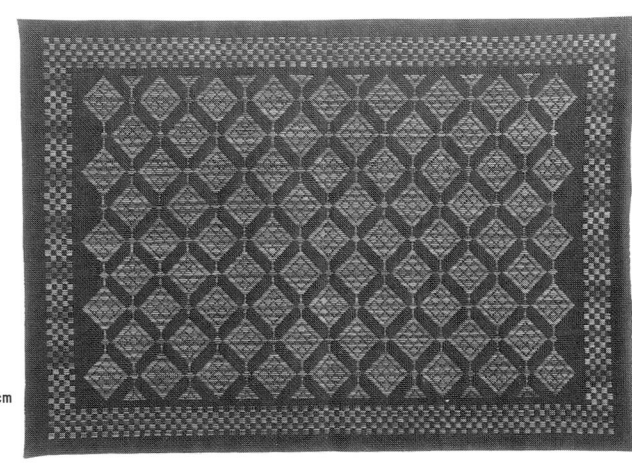

出来上がり寸法／70×90cm

図案Ⅱ

図案Ⅰ

←縦中心
刺し始め
横中心↑

57

◆**ゲージ** 2cm角／7段×7目

◆**刺し方**

　図案Ⅰを刺してから、周りの図案Ⅱを刺します。

(1)**刺し始め**／布の中心に図案の中心を合わせて、中心の左5目aから刺す。

(2)左右に1段・9模様刺し、上半分を刺してから下半分を刺す。縦は5模様になる。

(3)図案Ⅱは下段の中心3目bから左右に1段刺す。上に向かって刺し、両側を別々に刺し終えたら、上段を刺す。

【配置図】　　　　　　　　　　　　　　　　　単位＝cm

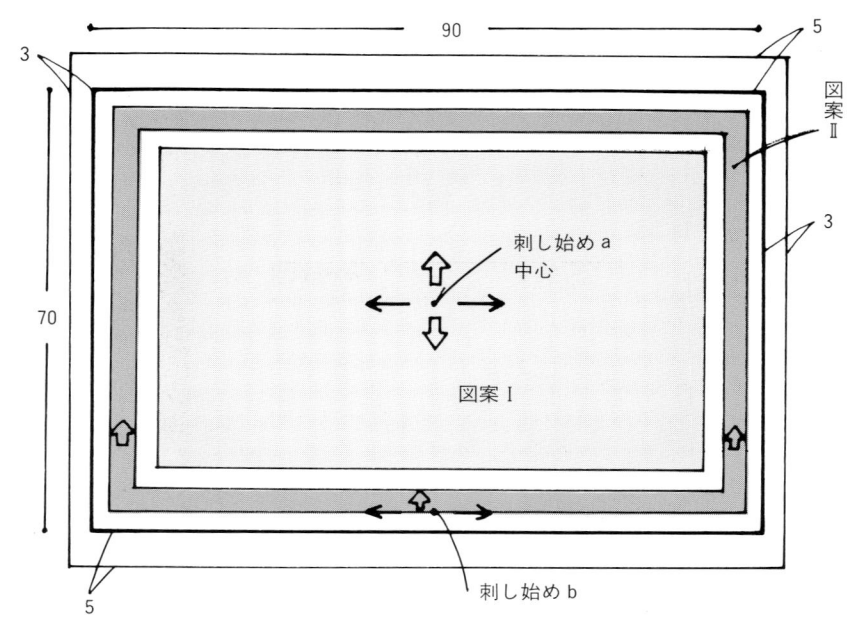

◆**作り方**

(1)表布の左右を3cm、上下を5cm折り返す。

(2)裏布を2cm折り返す。

(3)表布と裏布を合わせてまつる。

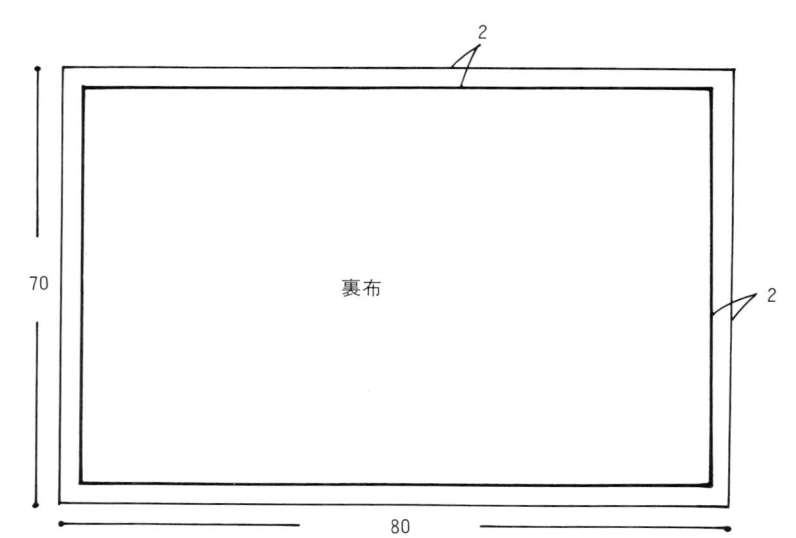

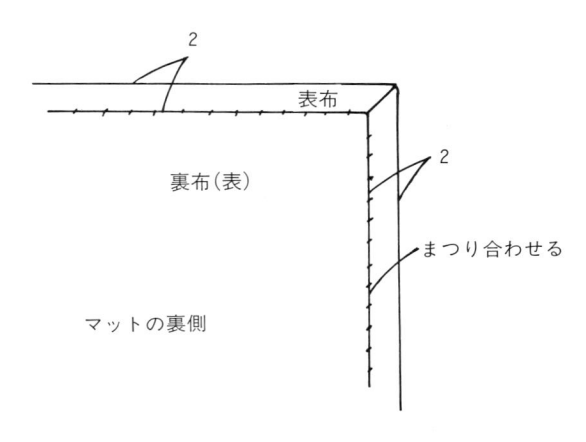

レース風のテーブルセンター

カラー口絵2ページ

　全面に刺した生成糸の風合いが爽やかで、エレガントなレース風に仕上がりました。お部屋の雰囲気を優しくしてくれる…、そんなテーブルクロスです。

◆材 料

	種　類	使用量
布	ミニコングレスクロス（グレー）	96×86cm
糸	こぎん生成糸	15束

◆ゲージ　1cm角／7段×8目
◆刺し方
(1)刺し始め／布の中心に図案の中心を合わせて、中心3目から刺す。(図案は60、61ページ掲載)
(2)左右に1段刺し、上半分を刺してから下半分を刺す。

◆作り方
(1)周囲を3cm折って三つ折りにし、縁の始末をする。

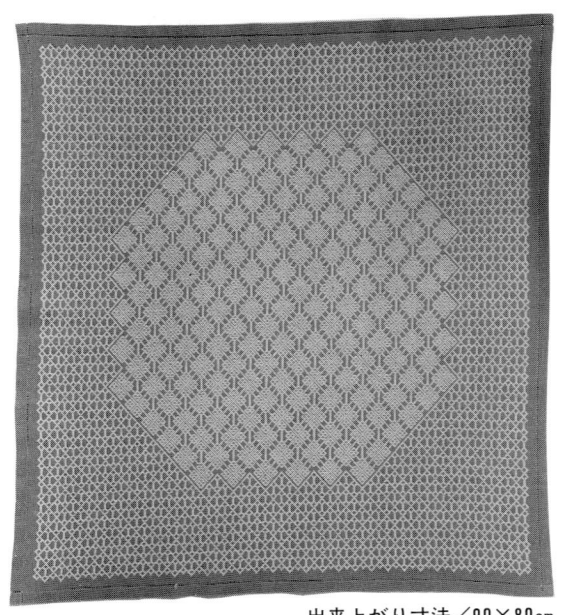

出来上がり寸法／90×80cm

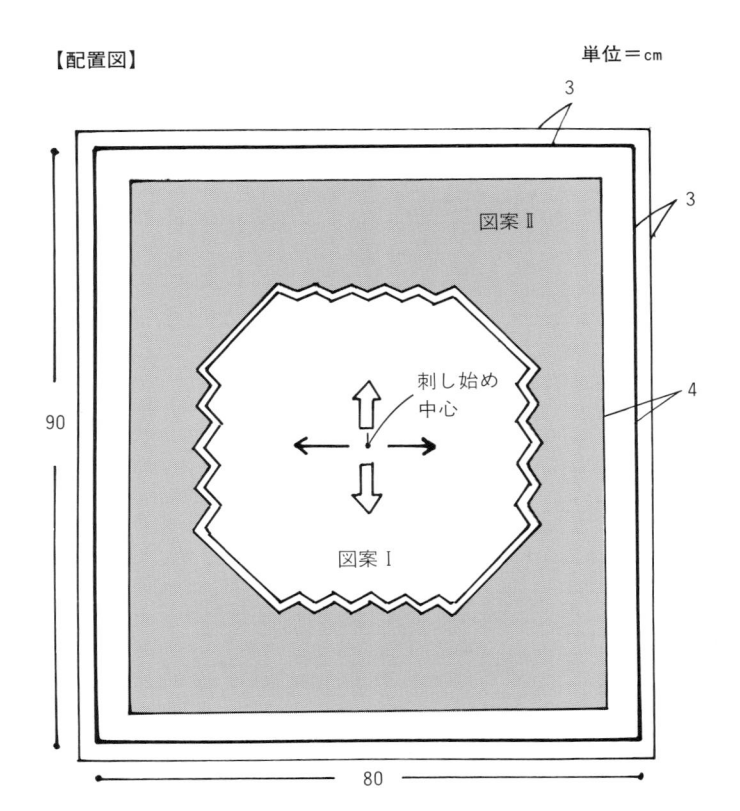

【配置図】　　　単位＝cm

■糸継ぎのポイント
　布幅いっぱいに糸が渡る大きな作品の場合、2～3段毎に糸継ぎをすることになるので、糸継ぎ部分が重ならないようにします。全体に散らすように段の途中で行い、糸を返さずに刺してゆく方向に3～4cmずつ、裏に細かく縫い込んでおきます。
　この作品では、メインの模様であるⅠの部分を避けて、Ⅱの中で糸継ぎをしました。布の上に糸を2～3段分置き、糸継ぎ分とゆるみ分を足して糸の長さを決めます。

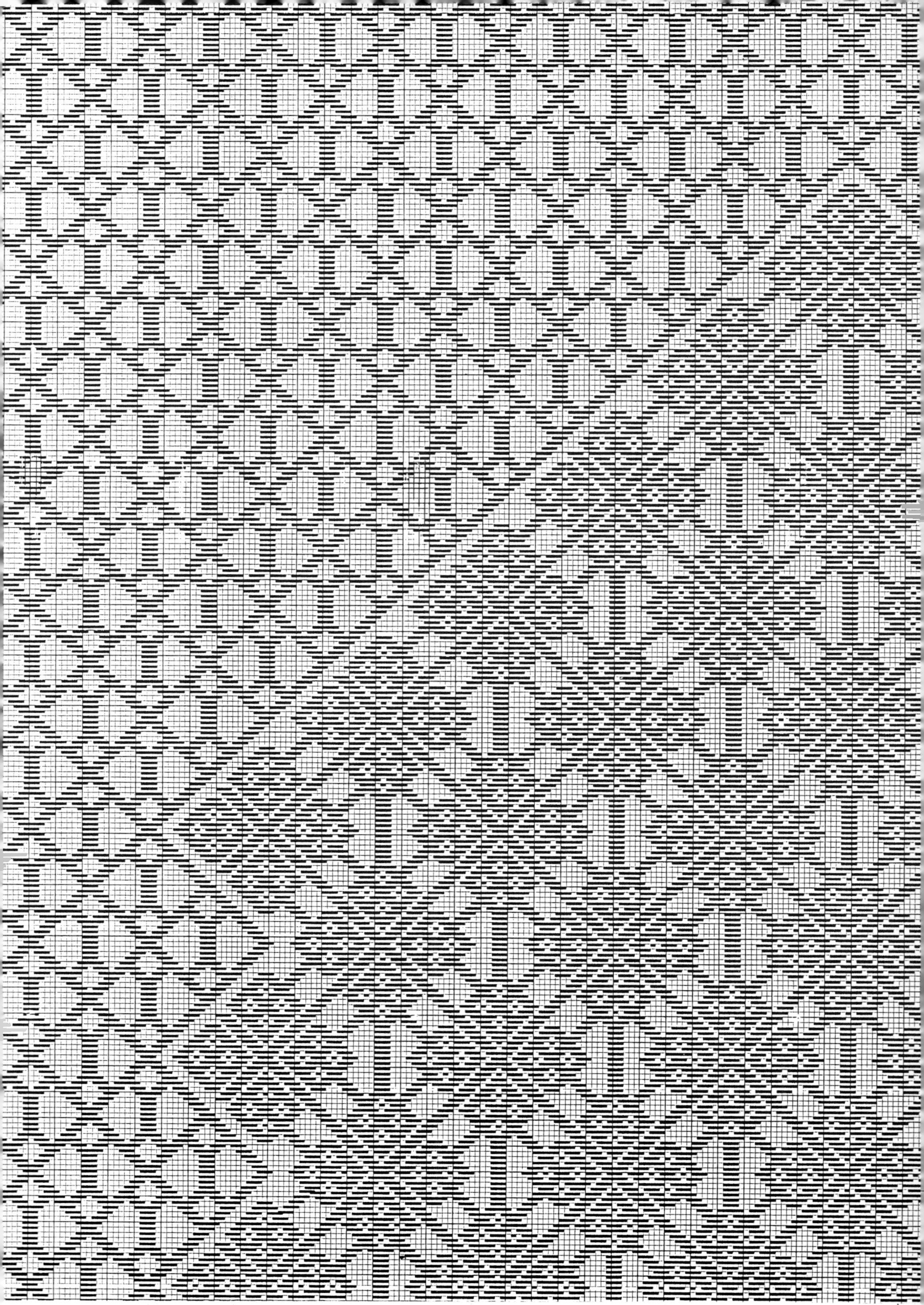

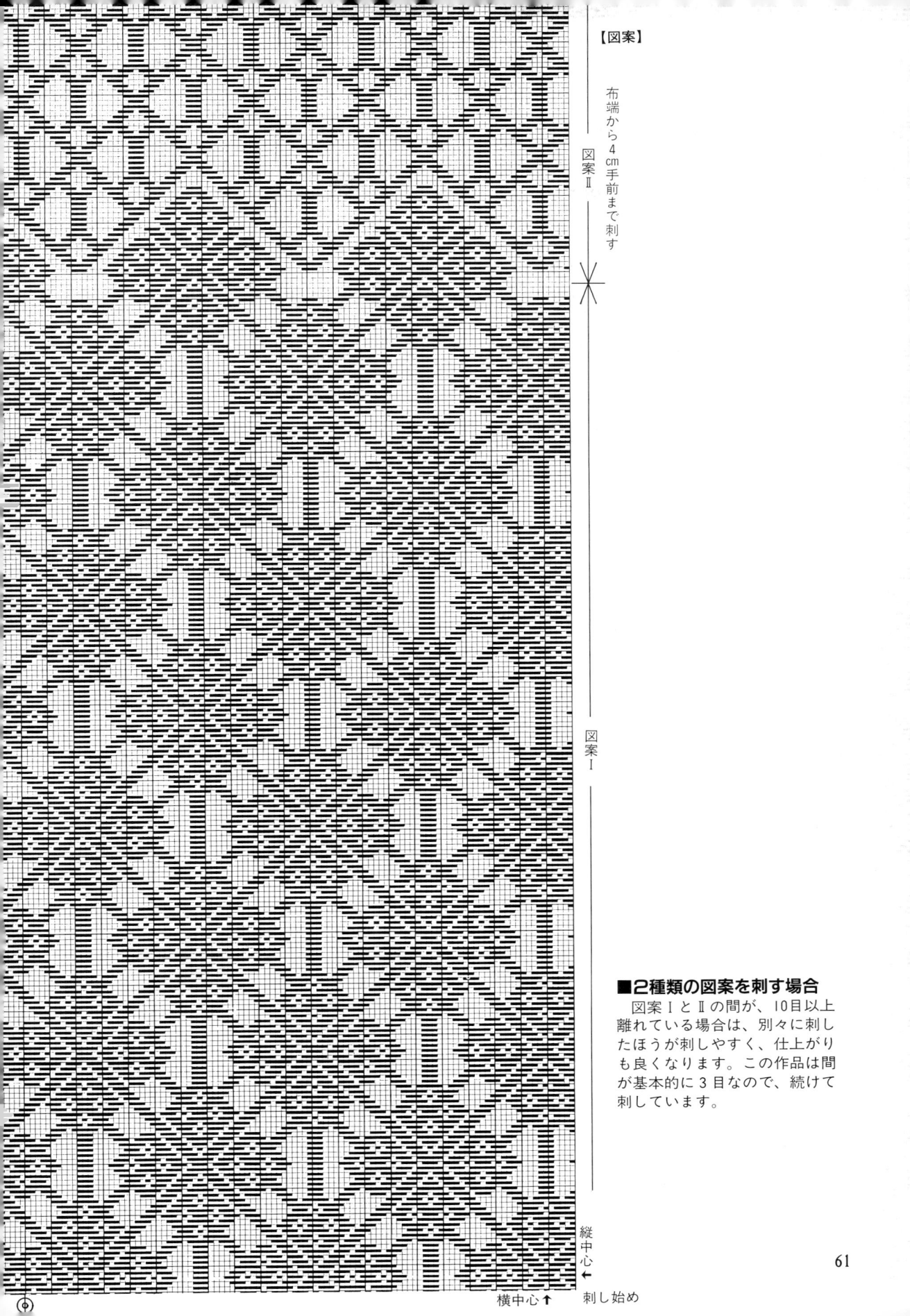

【図案】

布端から4cm手前まで刺す

図案Ⅱ

図案Ⅰ

■2種類の図案を刺す場合
　図案ⅠとⅡの間が、10目以上離れている場合は、別々に刺したほうが刺しやすく、仕上がりも良くなります。この作品は間が基本的に3目なので、続けて刺しています。

縦中心←
横中心↑
刺し始め

ミニパネル2点

カラー口絵28ページ

小さな布でお洒落なミニパネルが出来ました。1点よりも2点、並べたり斜めに掛けたり…。お気に入りの場所に飾ってください。

◆ **材料**

	種類	使用量
布	ミニコングレスクロス A/ベージュ B/グレー	18×22cm
糸	A/こぎん生成糸 B/こぎん染糸(青緑)	1束 1巻
その他	パネル/18×14cm　フレーム/19×15cm 下貼り用厚手和紙/20×16cm	

◆ **ゲージ**　1cm角／7段×8目

◆ **刺し方**

2点とも刺す手順は同様です。出来上がり線より、上下多めに刺します。

(1)刺し始め／布の中心に図案の中心を合わせて、Aは中心の左3目、Bは中心3目から刺す。

(2)左右に1段刺し、上半分を刺してから下半分を刺す。

◆ **作り方**

パネルに貼って仕上げる。

[A]

出来上がり寸法／14×18cm

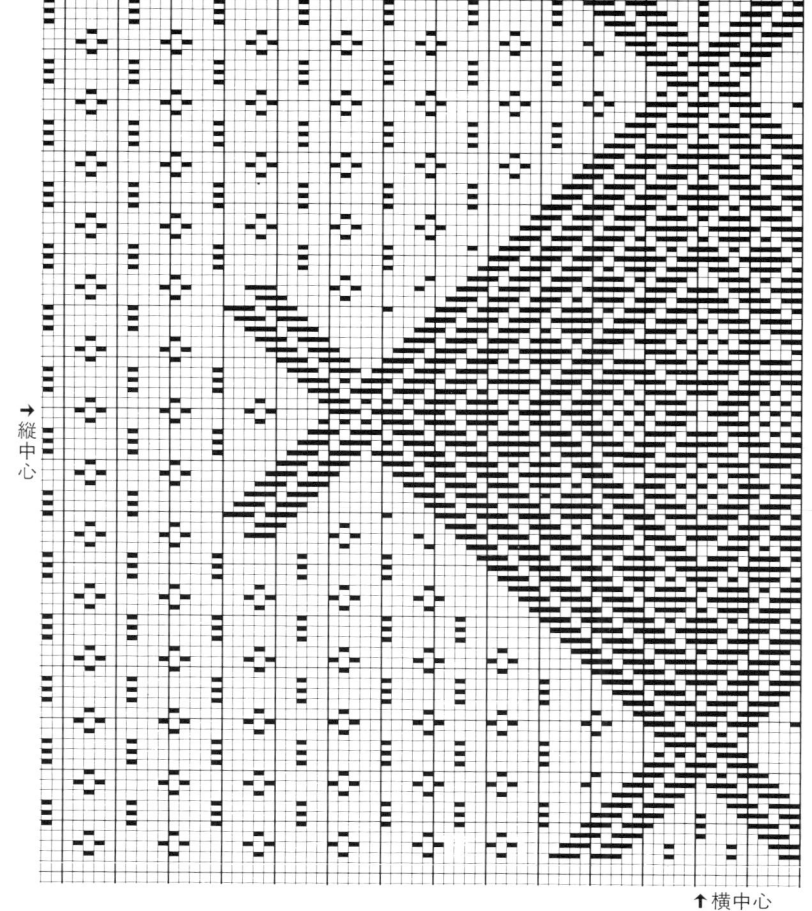

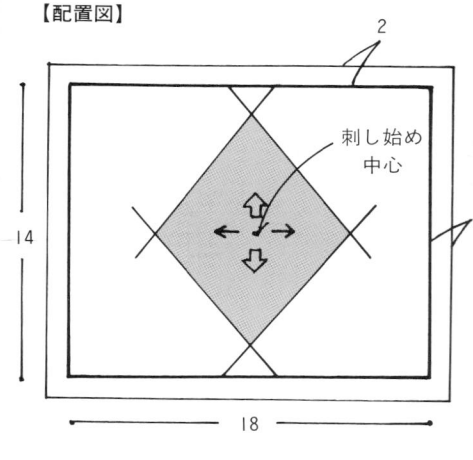

【配置図】

刺し始め 中心

14

18

単位=cm

↑縦中心

↑横中心

■パネルの作り方

1 パネルの大きさに厚み分を加えて、和紙を裁つ

2 側面にノリをつけて和紙を貼る

3 刺し布をパネルに貼って、角を押さえる

4 フレームの溝にL型金具を差し込む

5 パネルの画びょうをはずし、フレームをはめてネジ止めする

6 吊り金具と吊りひもを付ける

[B]

出来上がり寸法／14×18cm

【図案】

↑縦中心

↑横中心

【配置図】

刺し始め 中心

単位＝cm

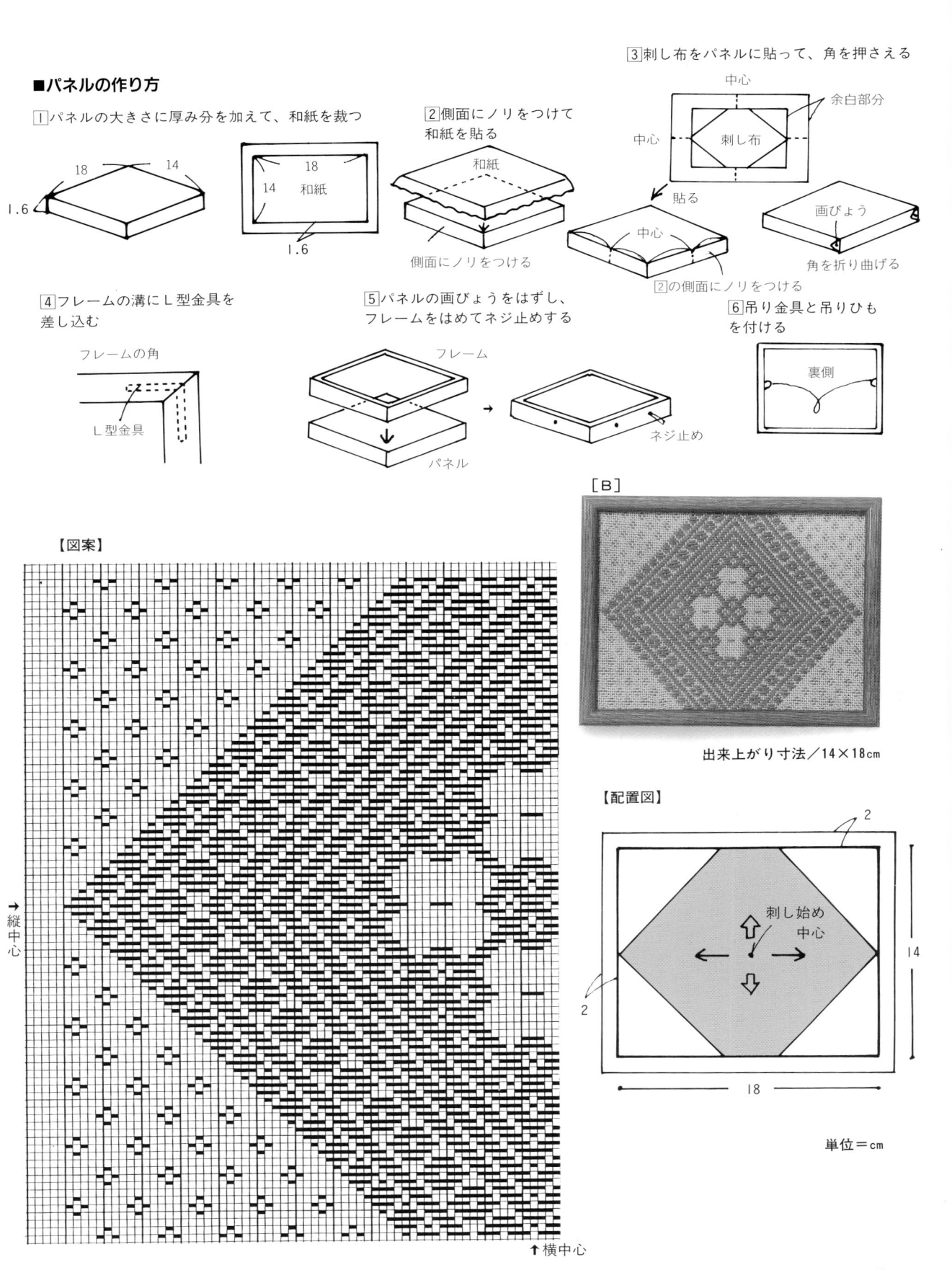

藤のタペストリー

カラー口絵11ページ

藤の花が風に揺れている様子をイメージして作りました。花の長さは自由に変えられます。作る人の好みでバランスよく決めましょう。

◆ 材 料

	種　類	使用量
布	コングレスクロス（紺）	90×50cm
糸	こぎん生成糸	3束
その他	通し棒60cm／2本　吊りひも／90cm	

◆ ゲージ　1cm角／6段×7目

◆ 刺し方

図案Ⅰ、Ⅱ、Ⅲ、Ⅳの順に刺します。図案Ⅰを中心に1か所刺してから、左右に3か所ずつ、全部で7か所刺します。図案ⅠとⅡは縦中心を合わせます。

(1) 刺し始め／布幅の中心、布端から12cmの位置に図案Ⅰの上中心を合わせ、右上a 3目から刺す。

出来上がり寸法
80×50cm

(2) aから左に1段刺し、下に向かって刺す。
(3) 図案Ⅱはb 3目から左へ1段刺し、下に向かって刺す。長さは自由に決める。
(4) 図案Ⅲ、Ⅳはそれぞれの上段中心c、dから左右に1段刺し、下に向かって刺す。

◆ 作り方

(1) 布の両端を上6cm、下4cm、それぞれ折り返して三つ折りにし、縁の始末をする。
(2) 棒を通し、吊りひもを付けて仕上げる。

【配置図】

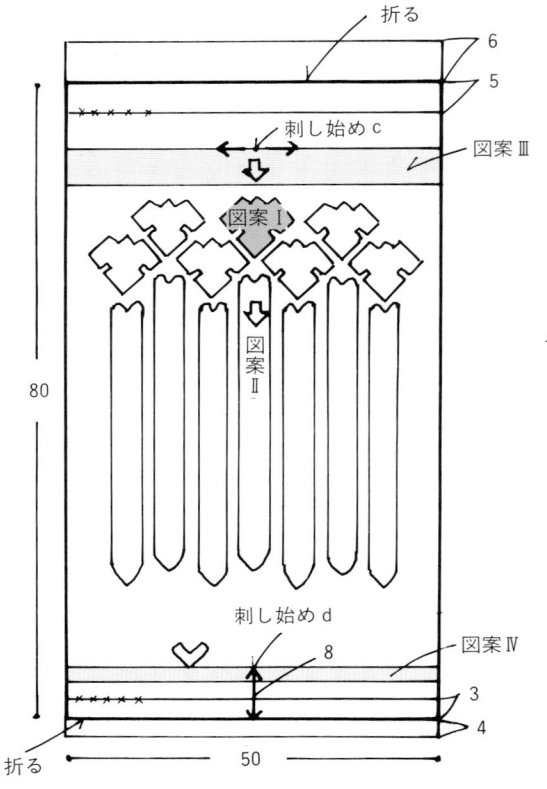

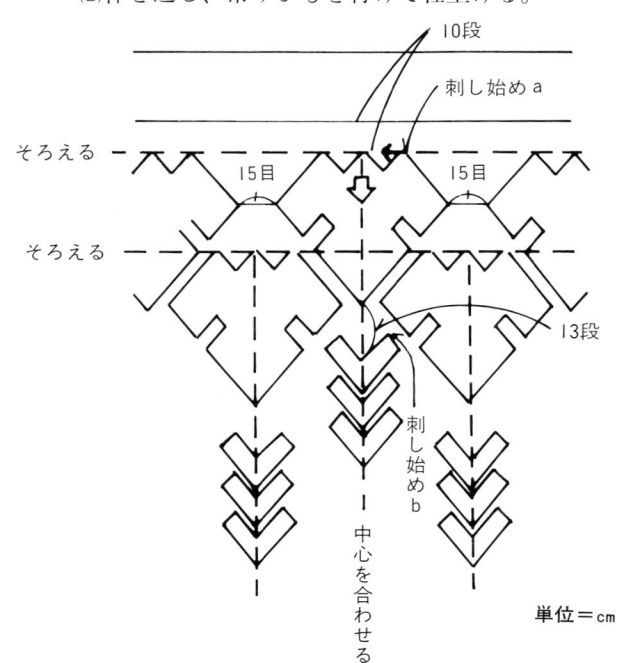

単位＝cm

【図案Ⅰ】　　　　　　横中心　刺し始め a

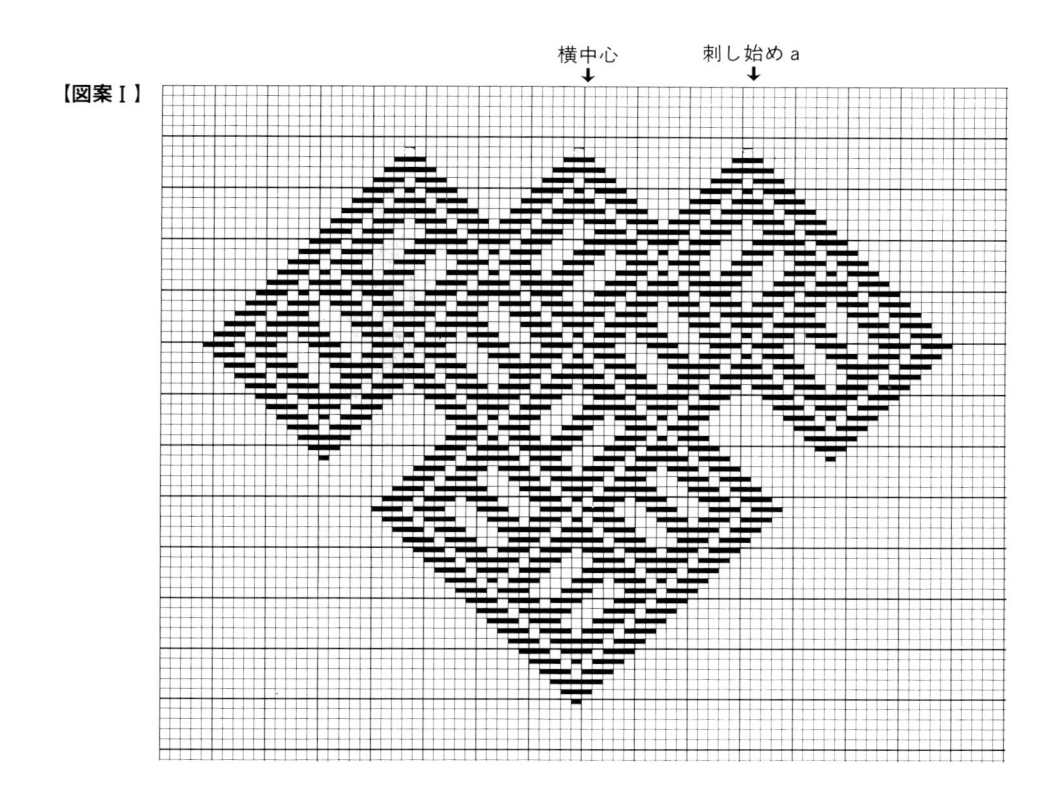

【図案Ⅱ】　　　　　刺し始め b

↑中心

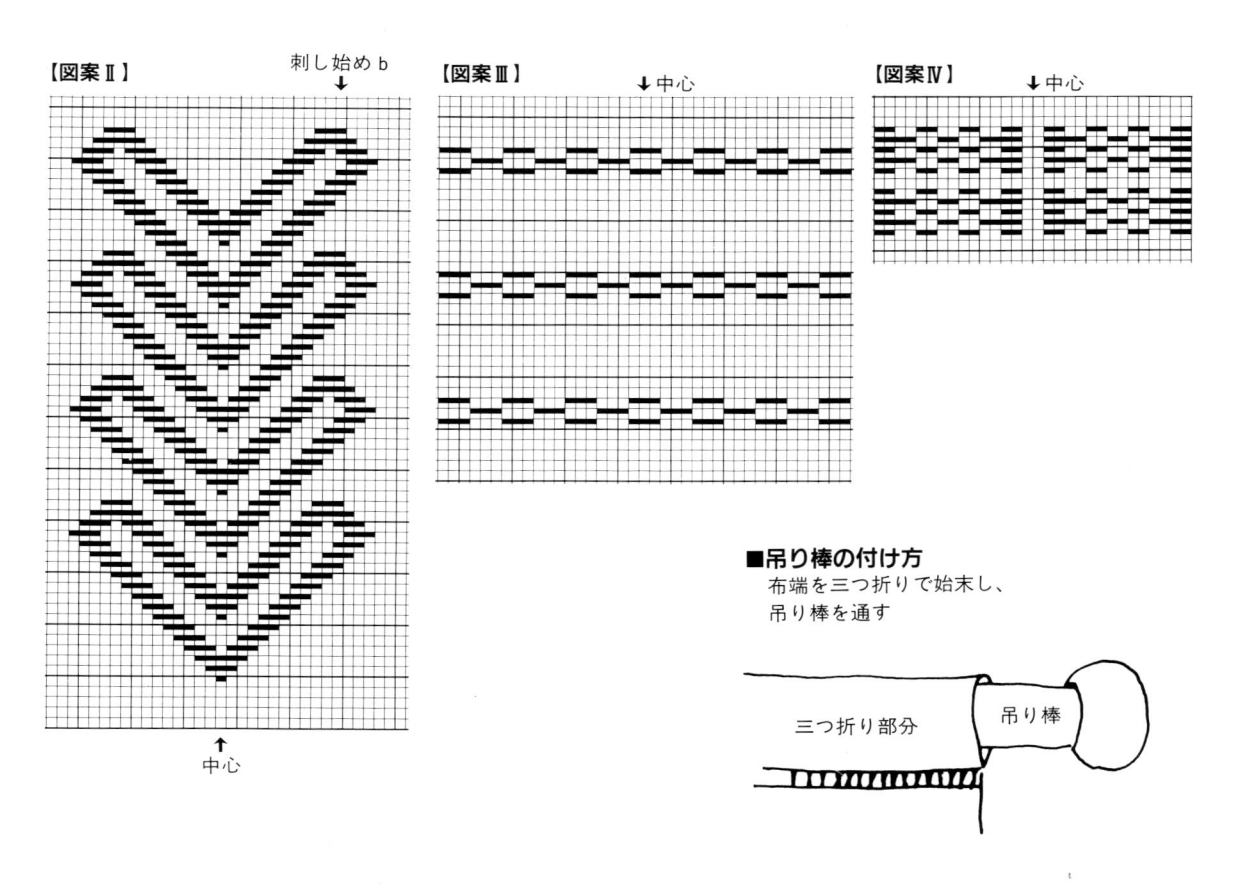

【図案Ⅲ】　　↓中心

【図案Ⅳ】　　↓中心

■吊り棒の付け方
布端を三つ折りで始末し、
吊り棒を通す

三つ折り部分　　吊り棒

短冊掛け(小幅)

掛け軸は、掛ける場所の壁の色に合わせて配色を決めるとよいでしょう。ピンク、グリーンなどの優しい色合いに、茶色が引き締め役になっています。

◆材料

	種類	使用量
布	コングレスクロス（ベージュ）	105×25cm
糸	野蚕糸（ピンク、グリーン）（茶色）	各10g 少々

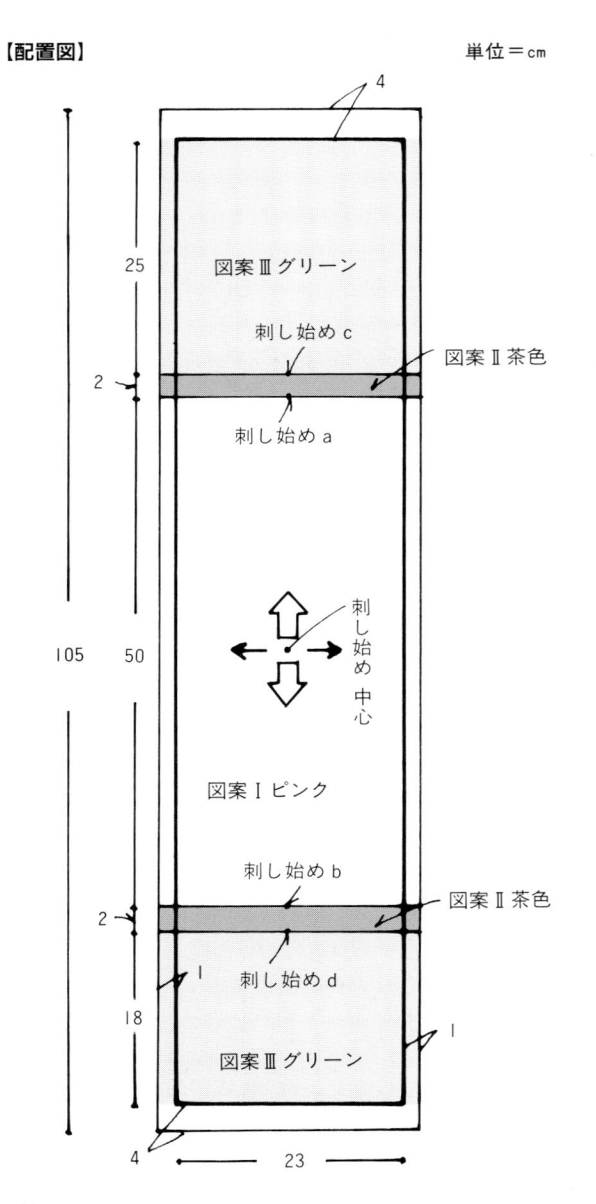

【配置図】 単位＝cm

出来上がり寸法／97×23cm

◆ゲージ　1cm角／6段×7目

◆刺し方

図案Ⅰはピンク、Ⅱは茶色、Ⅲはグリーンで刺します。掛け軸は模様の寸法の割合が決まっていて寸法で合わせますが、模様によっては上下同じ位置で終わらせるために、多少の寸法ずれが出る場合があります。

(1) **刺し始め**／布の中心に図案Ⅰの中心を合わせ、中心3目から刺す。

(2) 左右に1段刺し、上に約25cm、下にも同寸法刺す。

(3) 図案Ⅱは1模様・約2cmを、図案Ⅰの上下に、それぞれの中心a、bから刺す。

(4) 図案Ⅲは、Ⅱの上に4模様・約25cm、下に3模様約18cm、それぞれの中心c、dから刺す。

◆作り方

軸仕立てにする。

【図案Ⅰ】

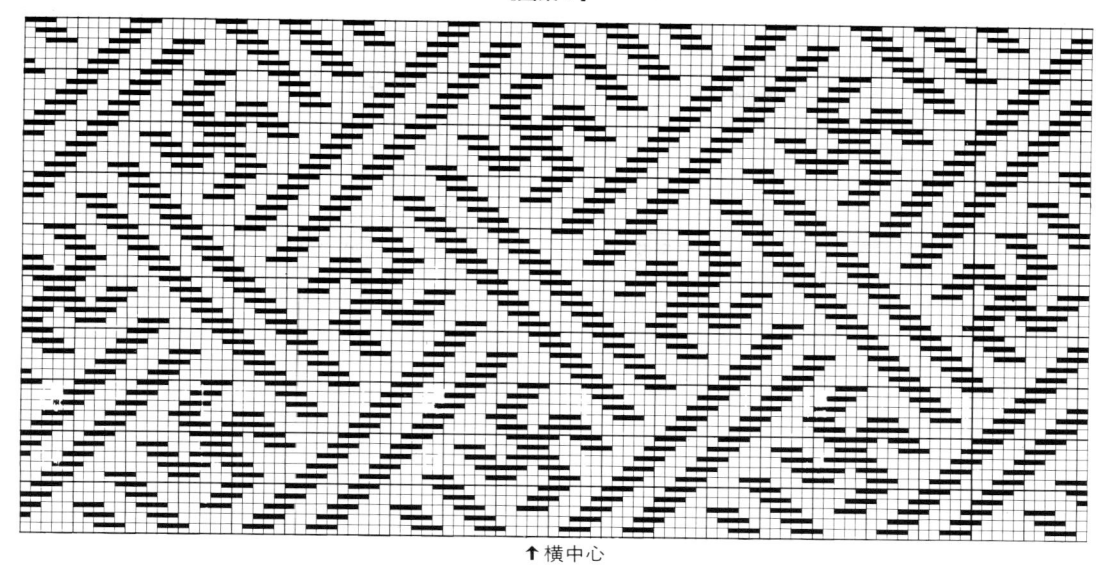

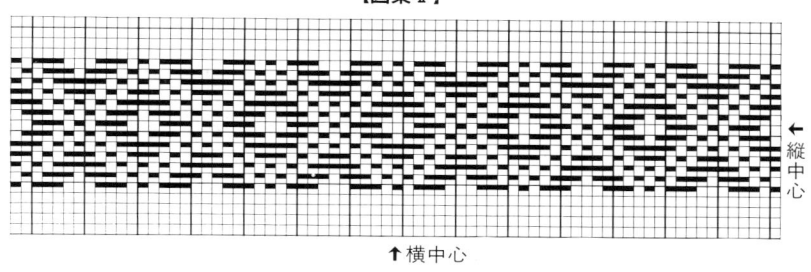

↑横中心

【図案Ⅱ】

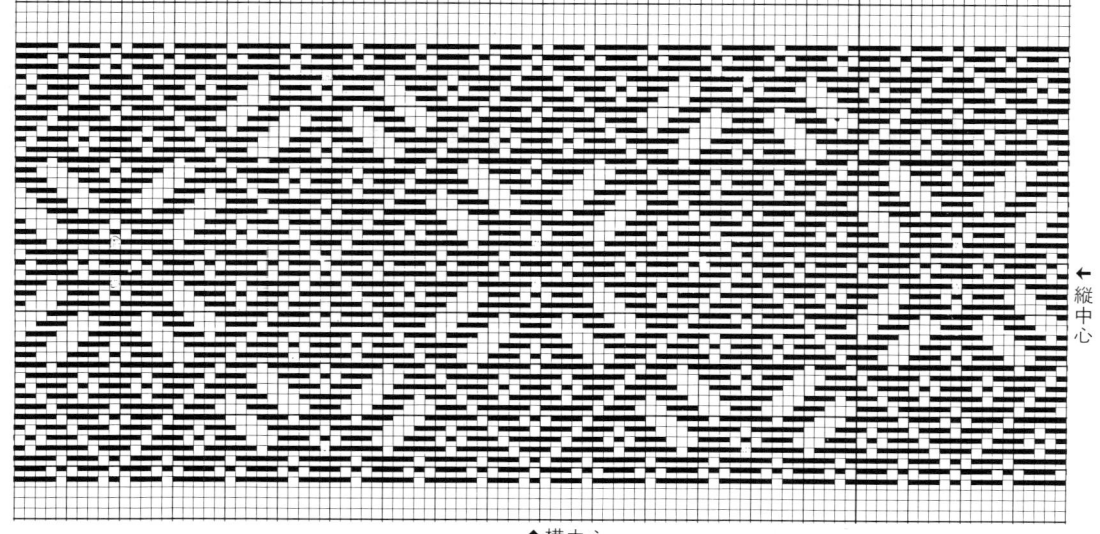

←縦中心

↑横中心

【図案Ⅲ】

←縦中心

↑横中心

67

色紙掛け

カラー口絵18ページ

　布と絹糸の色のバランスがとても優しく上品です。総刺しにしないで周りに空きを残し、全体を引き締めています。

◆**材 料**

	種　類	使用量
布	ミニコングレスクロス（茶色）	62×45cm
糸	野蚕糸（ピンク）	20g

◆**ゲージ**　1cm角／7段×8目

◆**刺し方**

(1)刺し始め／布の中心に図案の中心を合わせて、中心3目から刺す。
(2)左右に1段・28模様刺し、上半分を刺してから下半分を刺す。縦は25模様刺す。

◆**作り方**

軸仕立てにする。

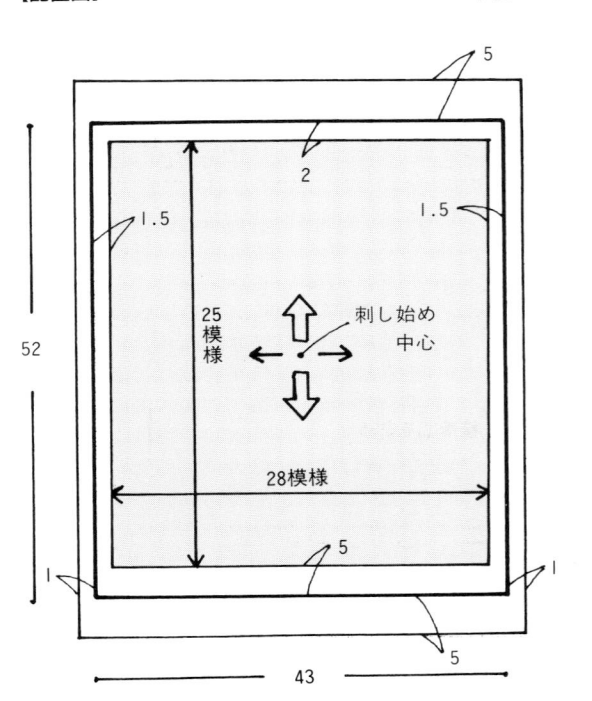

出来上がり寸法／52×43cm

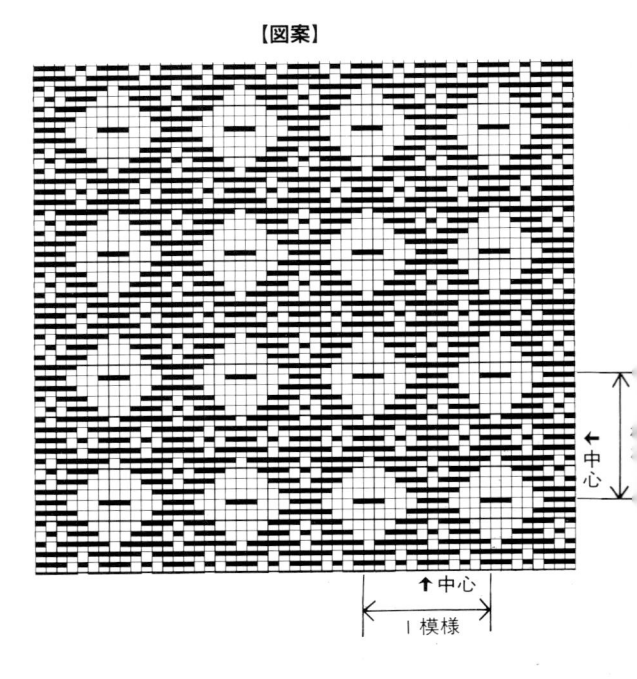

【配置図】　　　単位＝cm

【図案】

ブックカバー3点

目次、カラー口絵28ページ

大好きな本は、手作りのブックカバーを用意して大切に扱いましょう。厚地の接着芯を貼って、しっかりと作ります。読書好きのあなたに…。

出来上がり寸法 17×36cm

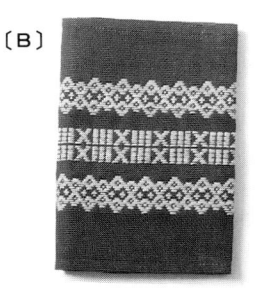

◆材料

	種類	使用量
布	ミニコングレスクロス A／紺、B／グリーン、C／紺	19×38cm
糸	A／こぎん染糸（ピンク） B／こぎん染糸（からし） C／こぎん生成糸	1巻 1巻 1束
その他	接着芯／17×37cm　ゴムひも1cm幅／17cm	

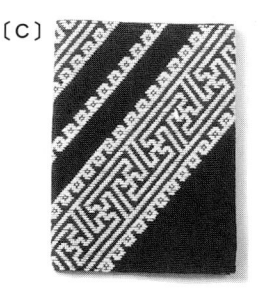

◆ゲージ　1cm角／7段×8目

◆刺し方

〔A〕・〔B〕

(1)**刺し始め**／布幅の中心に、図案の下中心を合わせ、中心から刺し始める。

(2)左右に1段刺し、上に向かって刺す。

〔C〕

図案を3か所に分けて、それぞれa、b、cから刺します。

(1)**刺し始め**／布下端に図案の下端を合わせて、aから刺し始める。

(2)aから左にa'まで刺し上に向かって刺す。

(3)b、cからも同様に刺す。

【配置図】　単位＝cm

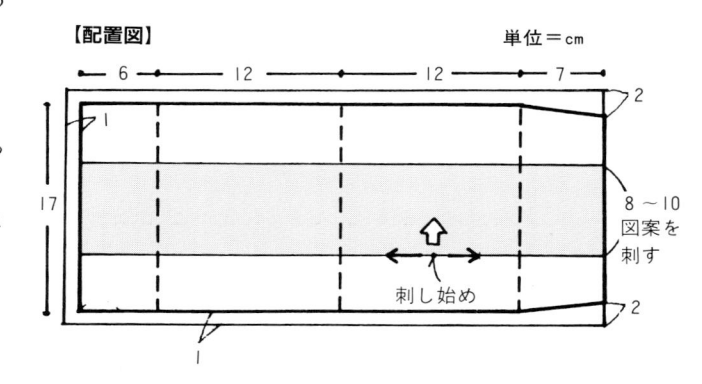

◆作り方

(1)表布に接着芯を貼り、縁ミシンをかける。

(2)ゴムひもを止め位置に仮止めしておく。

(3)周囲を1cm折り、0.6cmの位置を縫う。

(4)片側から6cm折り、0.2cmの位置にステッチをかけて仕上げる。

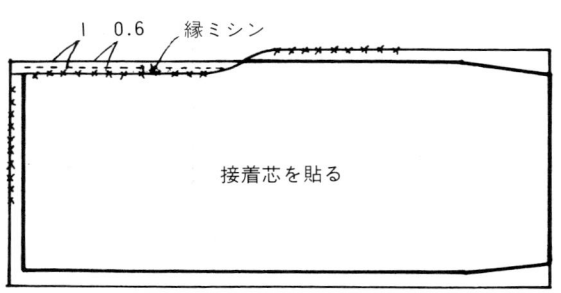

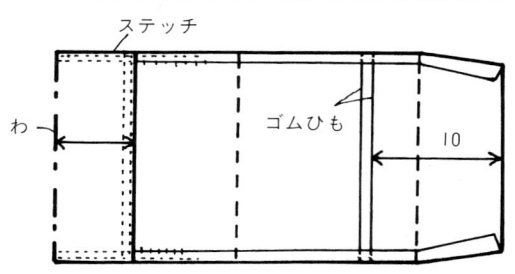

〔A〕【図案】

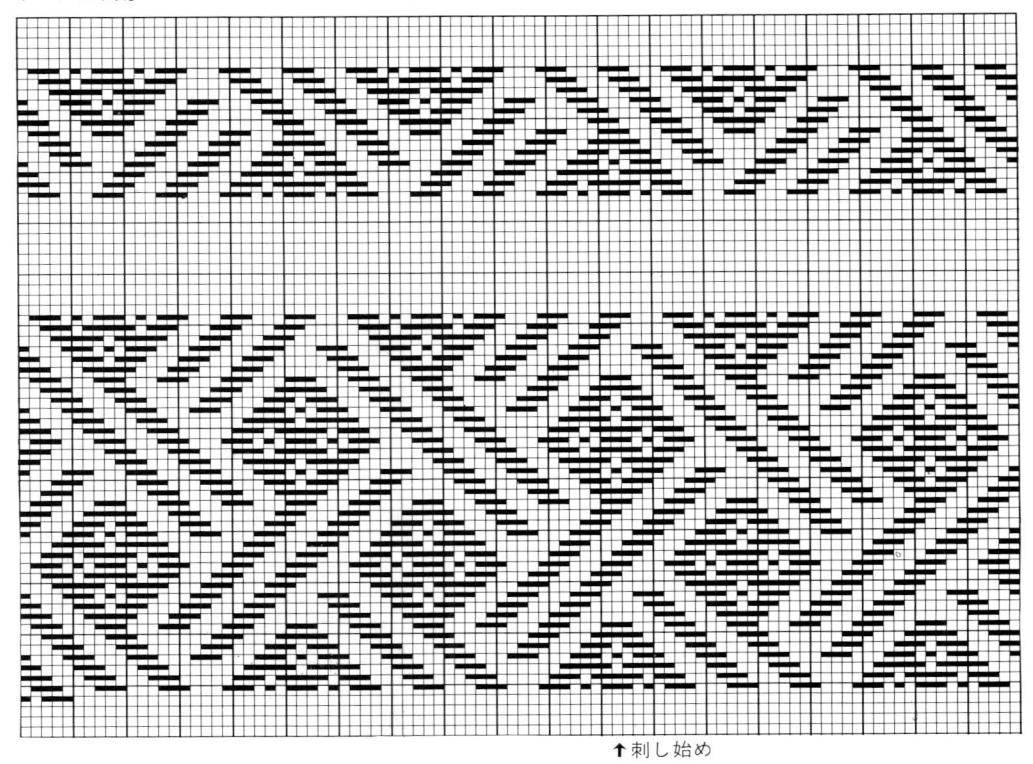

↑刺し始め

〔C〕【図案】

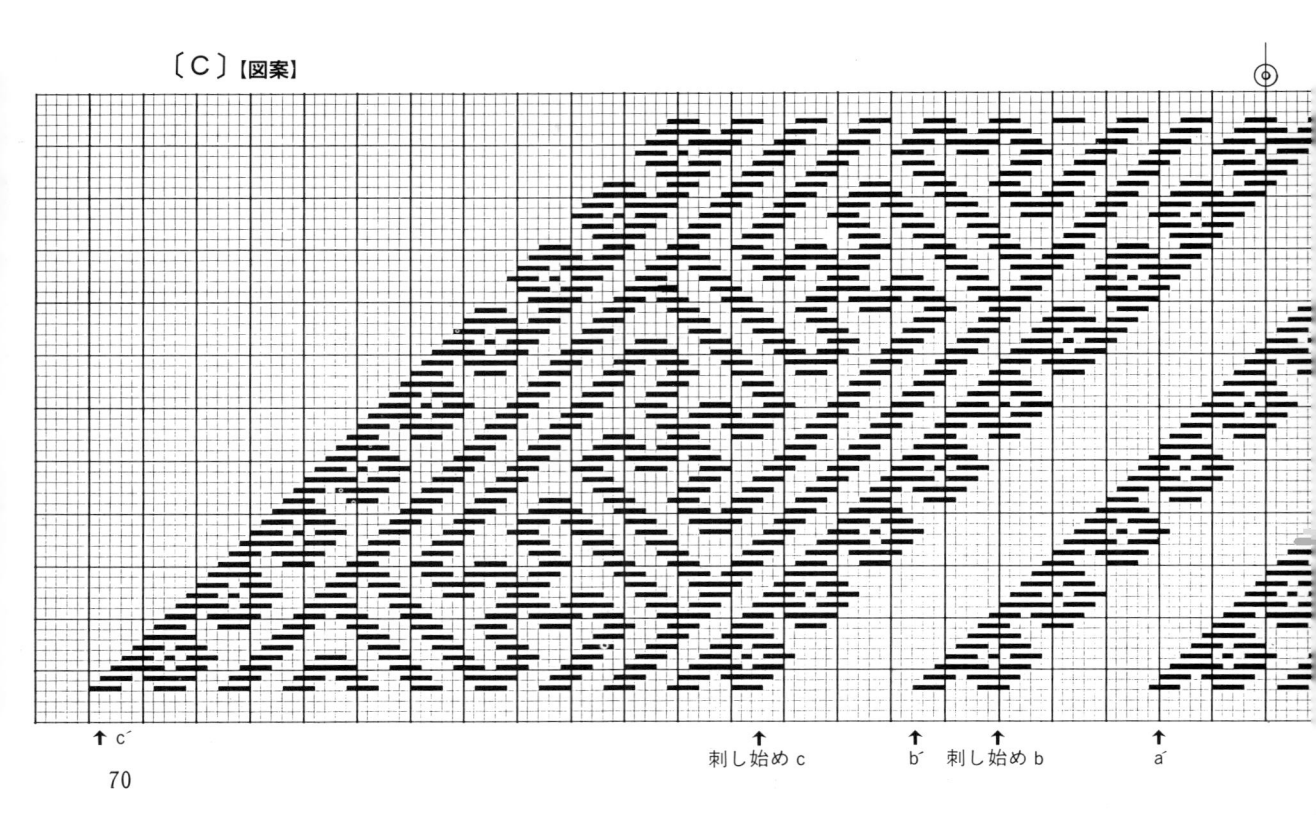

↑c´   刺し始めc   b´ 刺し始めb   a´

〔B〕【図案】

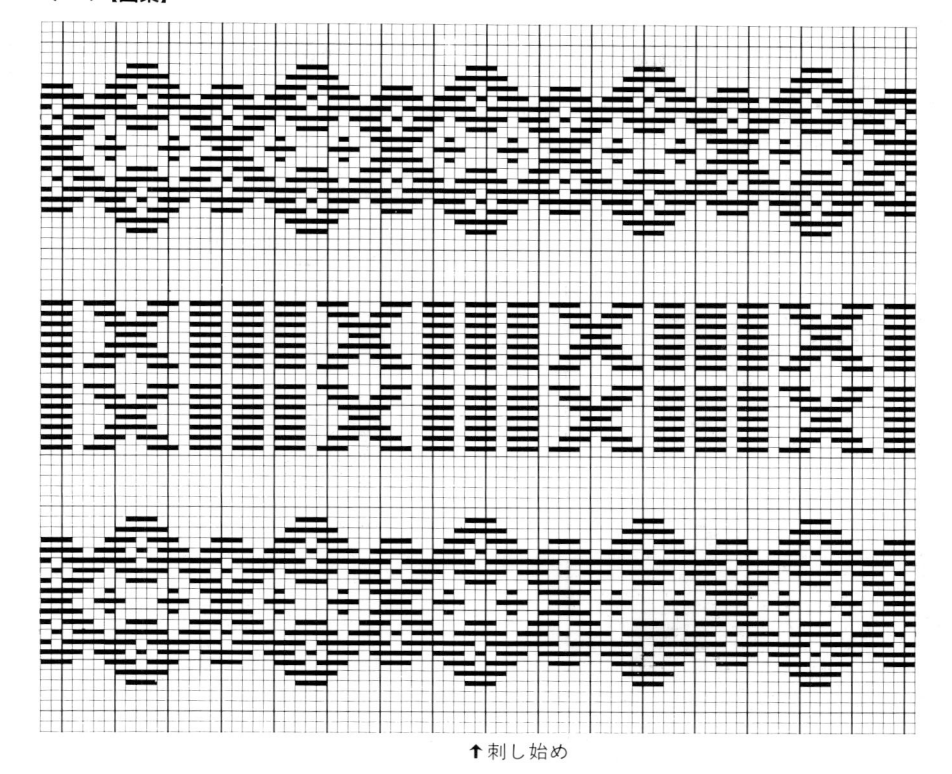

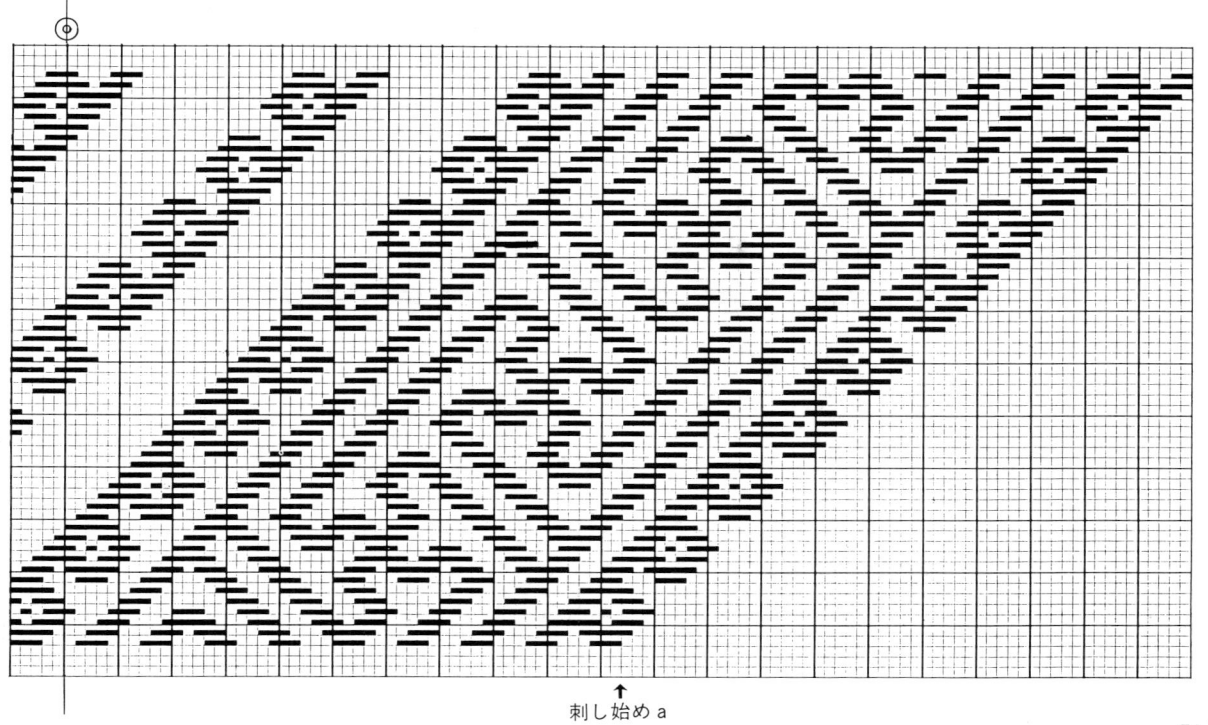

↑刺し始め

↑
刺し始め a

まち付きポーチ

カラー口絵21ページ

紺と白ですっきりと刺し上げたポーチはとても便利で、使い方もいろいろです。ファスナーを付ければでき上がりますので早速作ってみては…。

◆材料

	種　類	使用量
布	ミニコングレクロス（紺）	37×24cm
糸	こぎん生成糸	2束
その他	接着芯／37×24cm ファスナー(紺)20cm／1本	

◆ゲージ　1cm角／7段×8目

◆刺し方
(1)刺し始め／布の中心に図案の中心を合わせて、中心の左3目から刺す。
(2)左右に1段刺し、上半分を刺してから、下半分を刺す。

出来上がり寸法／17×21cm

◆作り方
(1)刺し終えた布の裏側に接着芯を貼る。
(2)ファスナーを縫って、わき縫いをする。
(3)両側底の角を6cm縫って、まちを作る。
(4)わきと底の縫い代は、接着バイアステープで始末する。
(75ページ参照)

【配置図】

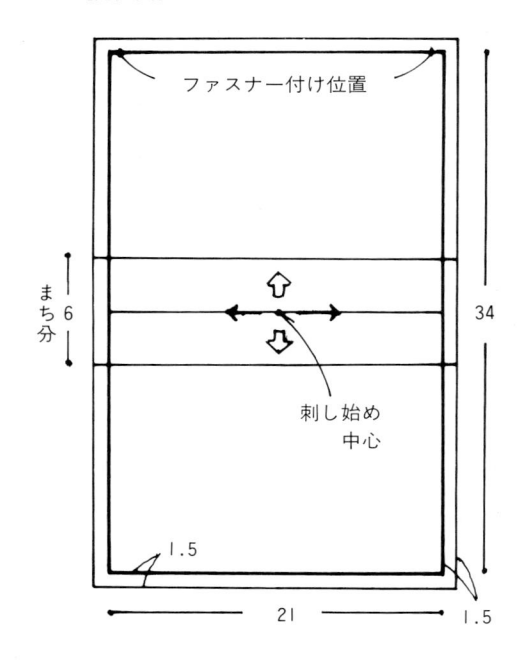

■まちの作り方

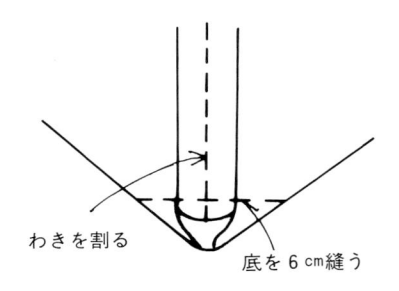

わきを割る　　底を6cm縫う

単位＝cm

■**袋物を仕立てるときのポイント**
①布目が粗くほつれやすいので、縫い代は多めにとりましょう。
②布端まで刺すと縫い合わせるときにかさばります。縫い代線より3目くらい多く刺すとよいでしょう。
③両側を縫い合わせる場合は、柄合わせに注意します。②のように少し多めに刺しておくと、空きができずにきれいに縫い合わせることができます。
④接着芯を使用するときは布端まで貼ります。表布の色に合った接着芯を選びましょう。

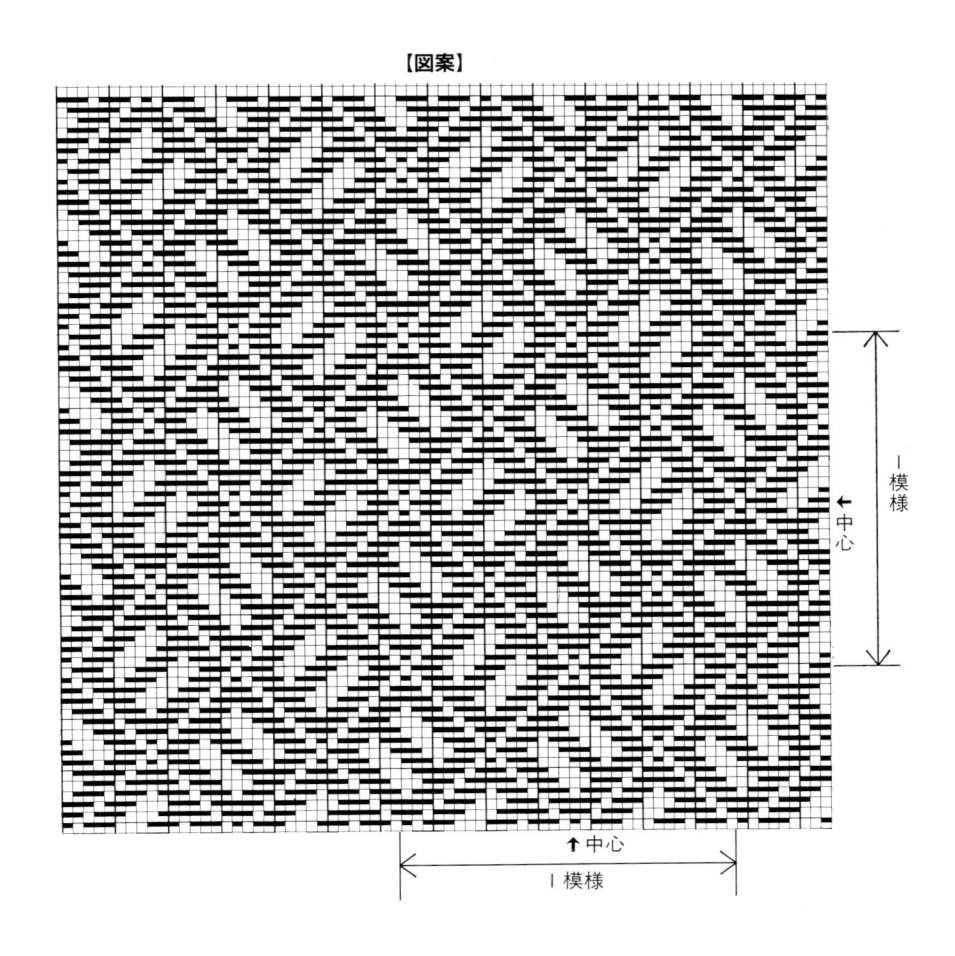

【図案】

セカンドバッグ

カラー口絵20ページ

カラフルで小型のセカンドバッグは、いくつあっても楽しいものです。途中で糸の色を替えながら刺しますので、刺すときの楽しみもいっぱい…。

◆材　料

	種　類	使用量
布	ミニコングレスクロス（ピンク）	20×29cm(2枚)
糸	こぎん染糸（ピンク、グリーン）	各10g
その他	薄地接着芯、厚地接着芯／20×29cm・各2枚 接着バイアステープ（白）／65cm、 ファスナー（赤）20cm／1本	

出来上がり寸法／16×25cm

◆ゲージ　1cm角／7段×8目

◆刺し方

半模様ずつ、糸の色を替えて刺します。

(1)刺し始め／布幅の中心、底から3cmの位置に図案の下中心を合わせて、中心の左3目から刺す。
(2)左右に1段刺し、上に向かって糸の色を替えながら2模様刺す。

◆作り方

接着芯を2枚重ねて貼り、しっかりと作ります。

(1)表布2枚に、接着芯薄地と厚地を重ねて貼る。
(2)表布上部に縁ミシンをかけて2.5cm折り返し、ファスナーを付ける。
(3)両わきと底を縫い合わせ、底の両角を2cm縫ってまちを作り、余分はカットする。
(4)縫い代は、接着バイアステープで包み、始末する。

【配置図】

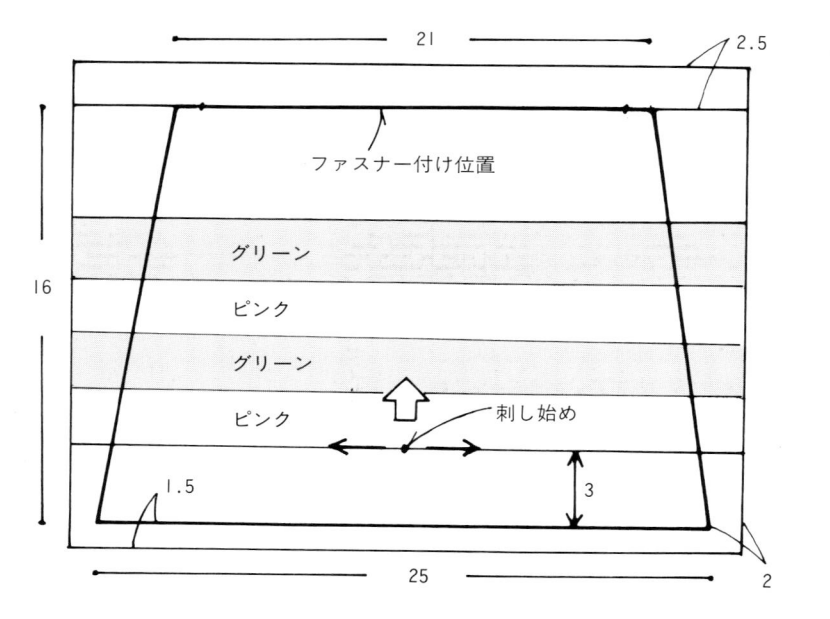

表布2枚を同様に刺す

単位＝cm

■接着芯の薄地と厚地を重ねて貼る

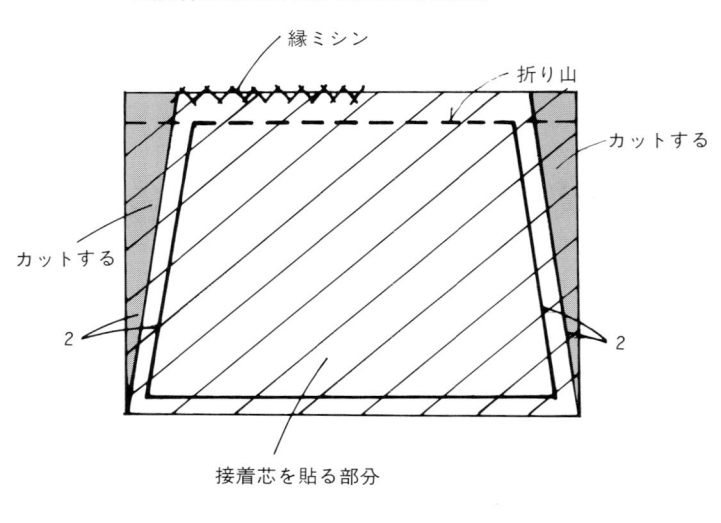

- 縁ミシン
- 折り山
- カットする
- カットする
- 2
- 2
- 接着芯を貼る部分

■縫い代の始末

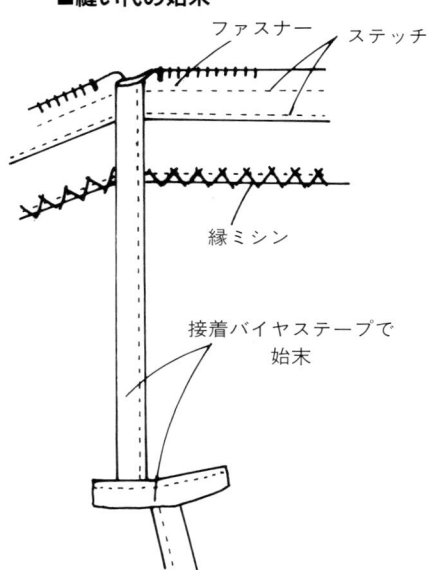

- ファスナー
- ステッチ
- 縁ミシン
- 接着バイヤステープで始末

【図案】

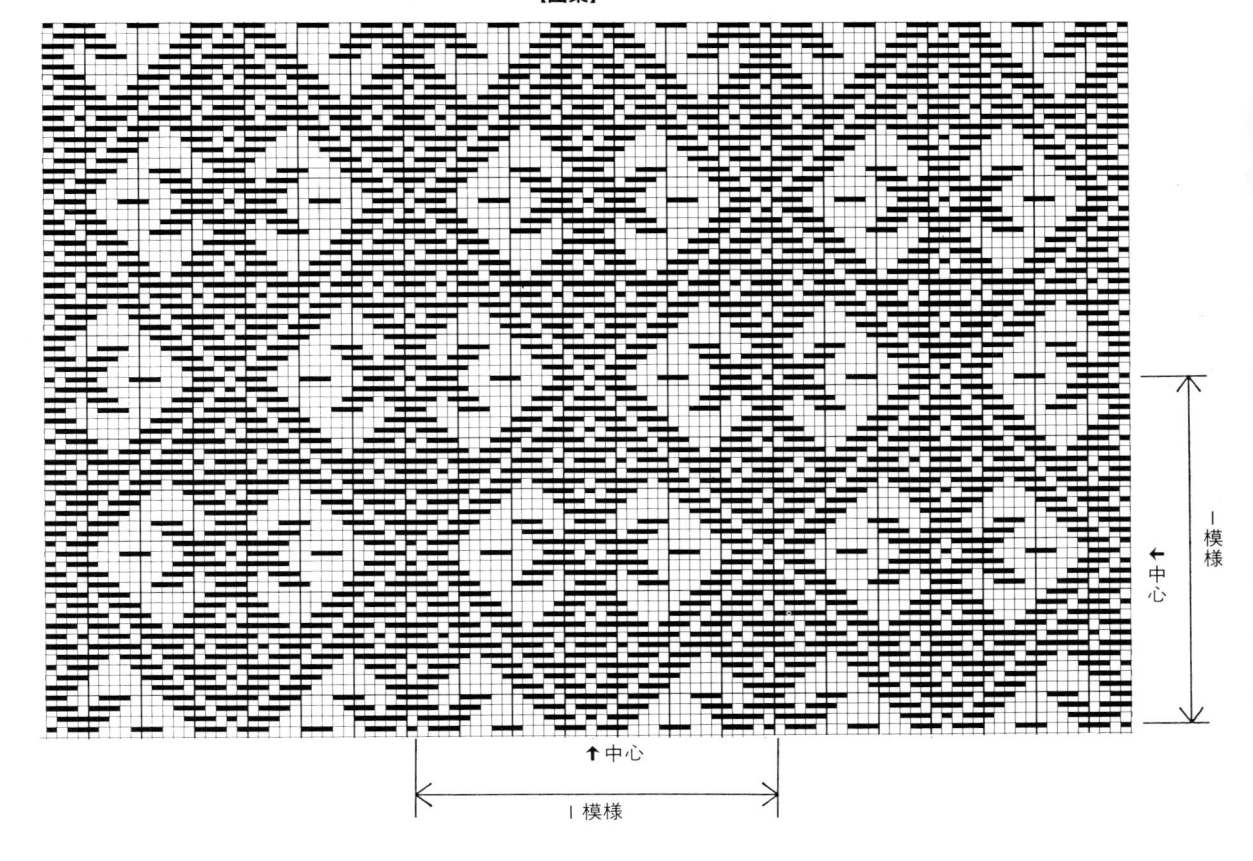

1模様
←中心
1模様

↑中心
1模様

75

ミニバッグ

カラー口絵14ページ

　持ち手と見返しに違う柄を使って、アクセントにしました。小さくてもまちがあるので、使いやすいバッグです。

◆材料

	種　類	使用量
布	コングレスクロス（グレー）	33×63cm
糸	こぎん染糸（ピンク）	3巻
その他	接着芯／43×31cm、6×31cm・2枚 ファスナー（ベージュ）25cm／1本 綿テープ（ベージュ）2cm幅／33cm・2本	

出来上がり寸法／16×28cm

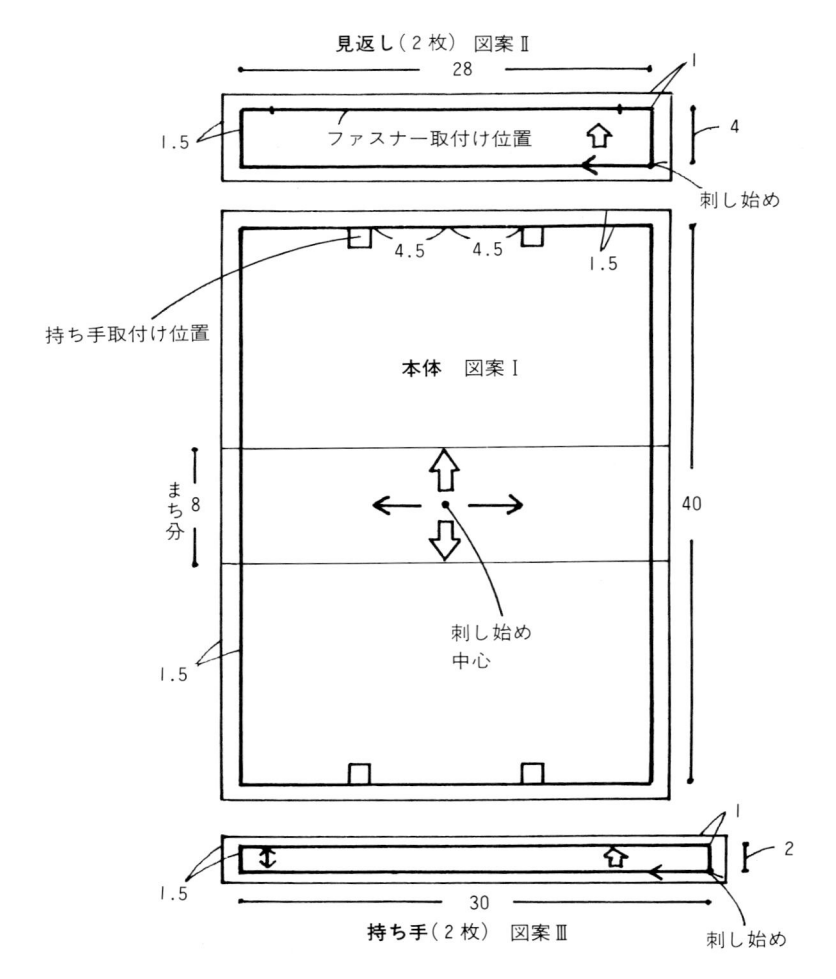

【配置図】　　　　　単位＝cm

見返し（2枚）　図案Ⅱ

持ち手取付け位置

本体　図案Ⅰ

まち分　8

刺し始め　中心

持ち手（2枚）　図案Ⅲ

刺し始め

◆ゲージ　1cm角／6段×7目
◆刺し方

　本体に図案Ⅰ、見返しに図案Ⅱ、持ち手に図案Ⅲを刺します。

(1)**刺し始め**／〈本体〉布の中心に図案Ⅰの中心を合わせて、中心3目から刺す。

(2)左右に1段刺し、上半分を刺してから下半分を刺す。

(3)〈見返し・持ち手〉図案Ⅰ、Ⅱの右下端から左へ刺し、上に向かって刺す。

◆作り方
(1)本体、見返しの裏側に接着芯を貼る。
(2)〈本体〉わき縫いをして、底の角を8cm縫ってまちを作り、余分な布はカットする。
(3)縫い代を接着バイアステープで包んで始末する。
(75ページ参照)
(4)〈持ち手〉2cm幅に折り、裏に綿テープを張ってステッチをかけて、縫い合わせる。本体の取付け位置に仮止めしておく。
(5)〈見返し〉ファスナーを付け、わき縫いをする。
(6)本体、持ち手、見返しを中表にして縫い合わせ、0.5cmの位置にステッチをかけて仕上げる。

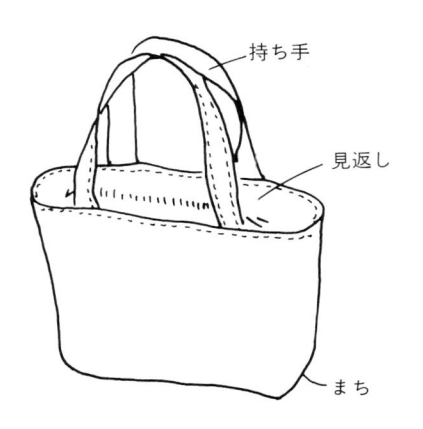

■持ち手の作り方

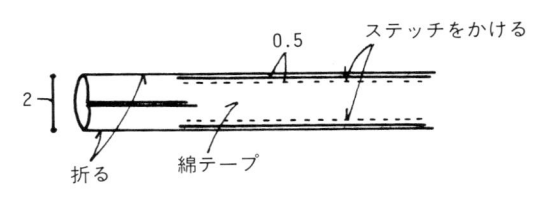

【図案Ⅰ】

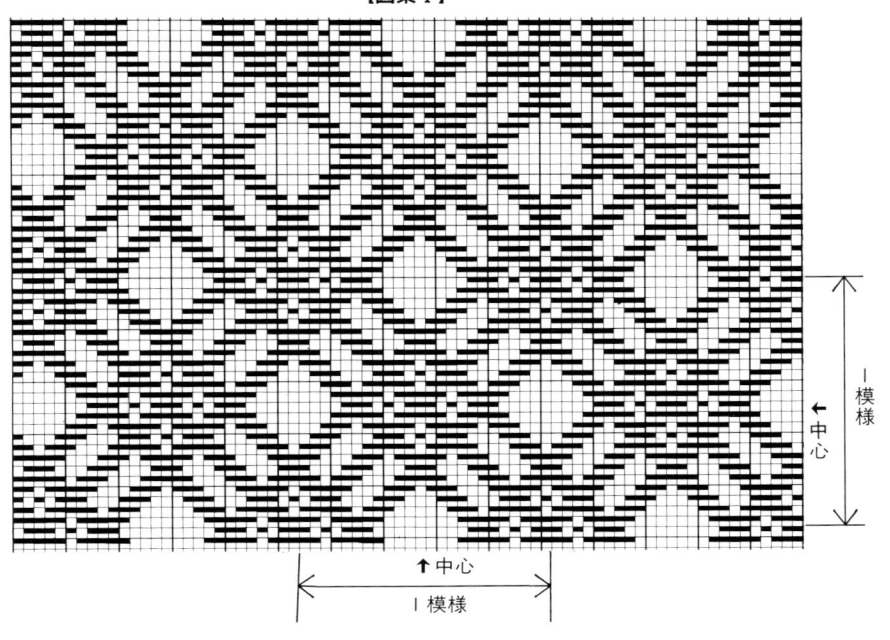

【図案Ⅱ】

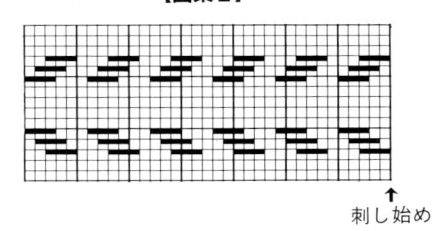

【図案Ⅲ】

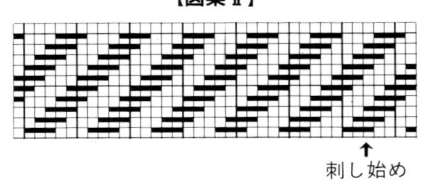

ショッピングバッグ

カラー口絵25ページ

手軽にできて使いやすいショッピングバッグ。
大きさを変えて、いくつか作っておくと便利です。
カルチャースクールのお供にもぴったり…。

◆材料

	種　類	使用量
布	コングレスクロス（紺）	68×40cm
糸	こぎん染糸（赤茶）	5巻
その他	裏布（紺）／60×26cm 綿テープ（紺）2.5cm幅／42cm・2本	

◆ゲージ　1cm角／6段×7目
◆刺し方

　持ち手は縦布でとりますので、模様が縦につながるように刺してゆきます。
(1)刺し始め／〈本体〉布の中心に図案Ⅱの中心を合わせて、中心3目から刺す。
(2)左右に1段刺し、上半分を刺してから下半分を刺す。
(3)〈持ち手〉図案Ⅰのa1目から刺し始め、上に向かって25模様刺す。

出来上がり寸法／26×23cm

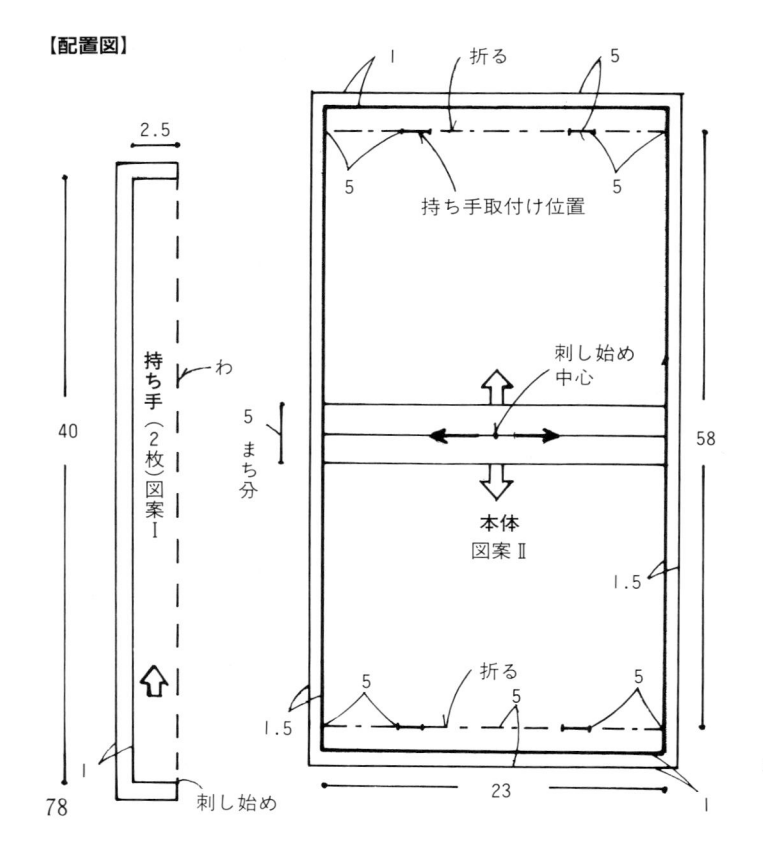

【配置図】

■持ち手の付け方

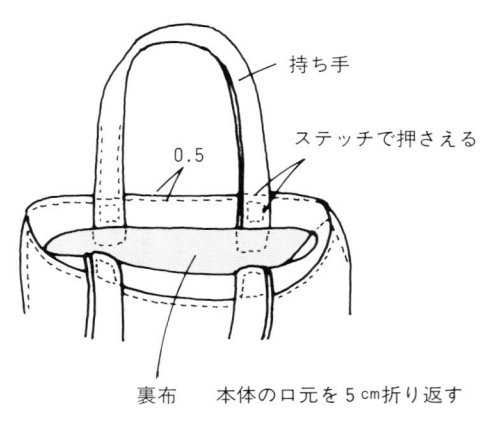

単位＝cm

◆作り方
(1)〈本体〉表布、裏布ともにわき縫いをして、底の角を5cm縫ってまちを作る。
(2)〈持ち手〉2.5cm幅に折り、裏側に綿テープを張ってステッチをかけ、縫い合わせる。
(3)本体の表布と裏布、持ち手を中表にして縫い合わせ、0.5cmの位置に持ち手を押さえるようにステッチをかけて仕上げる。

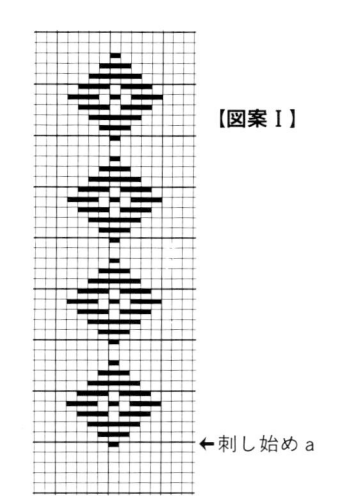

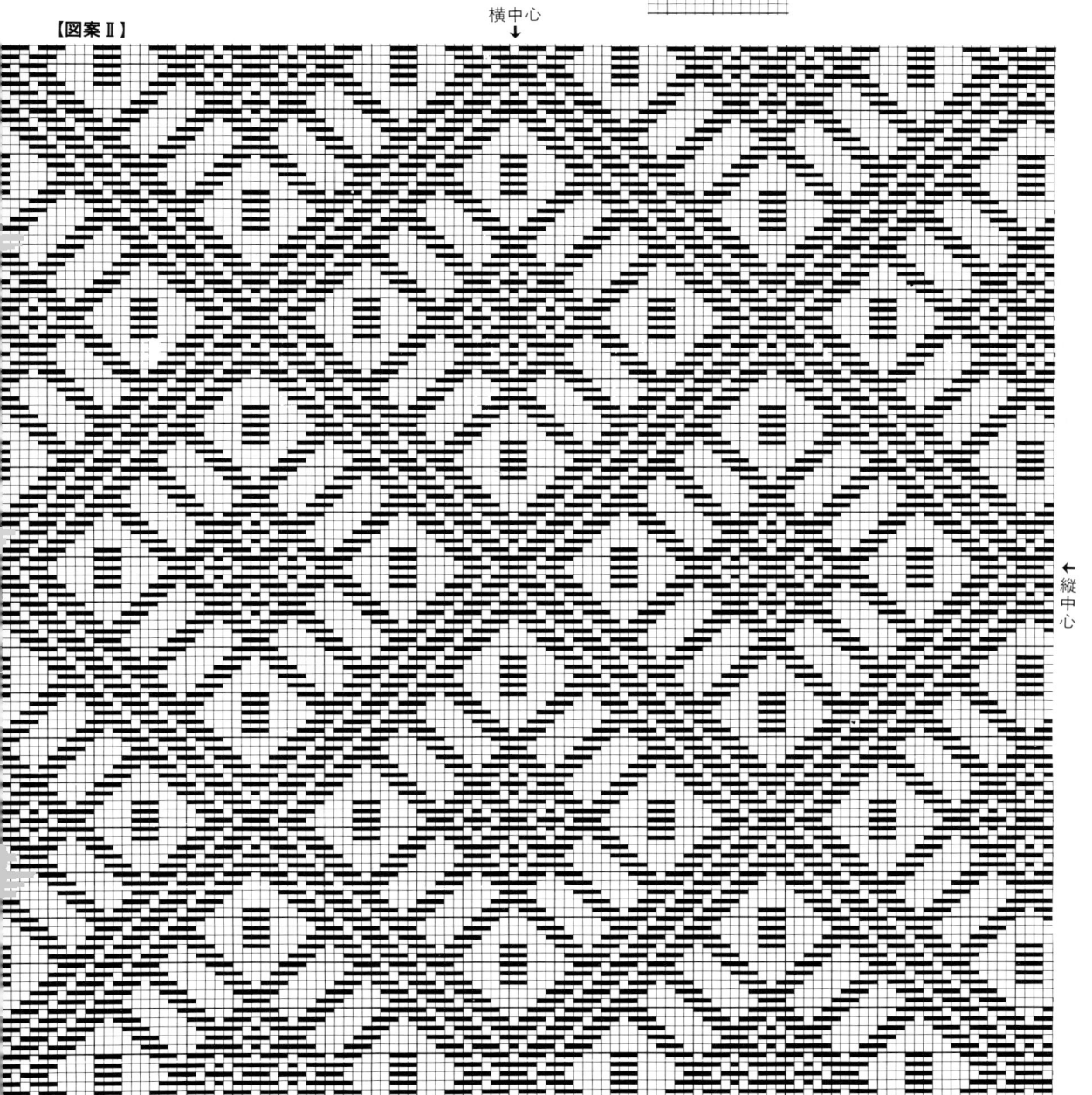

【図案Ⅰ】

←刺し始めa

【図案Ⅱ】

横中心↓

←縦中心

ペンケース

カラー口絵28ページ

いつも身近においで使いたいものだから、ぜひ手作りしたい……。皮のパイピングテープがアクセントになっています。

◆ 材　料

	種　類	使用量
布	ミニコングレスクロス（紫）	19×24cm
糸	こぎん染糸（紺）	1巻
その他	接着芯／19×24cm パイピングテープ（紺）／35cm ファスナー（紺）18cm／1本 ほつれ止め用布／3×3cm・2枚	

出来上がり寸法／8×21cm

◆ ゲージ　1cm角／7段×8目

◆ 刺し方

布の中心を幅3cmくらいファスナー付け位置として空けておき、上下半分ずつ刺します。パイピングテープを挟んで仕上げますので、縫うときにかさばらないように、出来上がり線から0.8cm手前で刺し終えます。

(1) **刺し始め**／布幅の中心に、図案の上中心を合わせ、左3目から刺す。
(2) 左右に1段刺し、下に向かって1.5模様刺す。
(3) 上半分も同様に刺す。

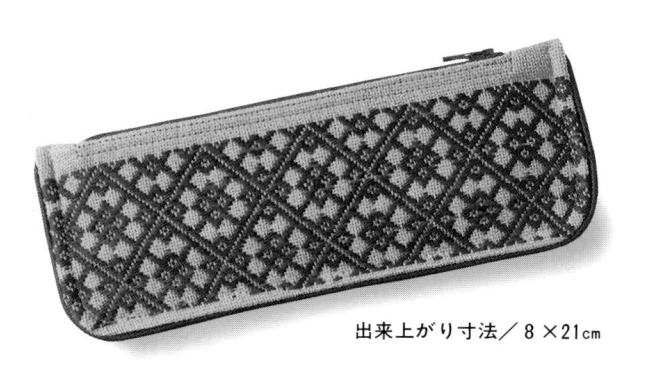

◆ 作り方

(1) 表布に接着芯を貼る。
(2) ファスナー用の空きを作る。針目を細かくしてミシンで周りを縫い、表両端にほつれ止め用の布を当てて、縫い止める。ハサミで切り込みを入れ、ほつれ止め布と縫い代を裏側に返してアイロンで押さえる。
(3) 裏側からファスナーを当てて縫う。
(4) 角に丸みをつけて1cmの縫い代で切りそろえる。
(5) ファスナーを山にして二つ折りにし、パイピングテープを挟んで縫う。

【配置図】

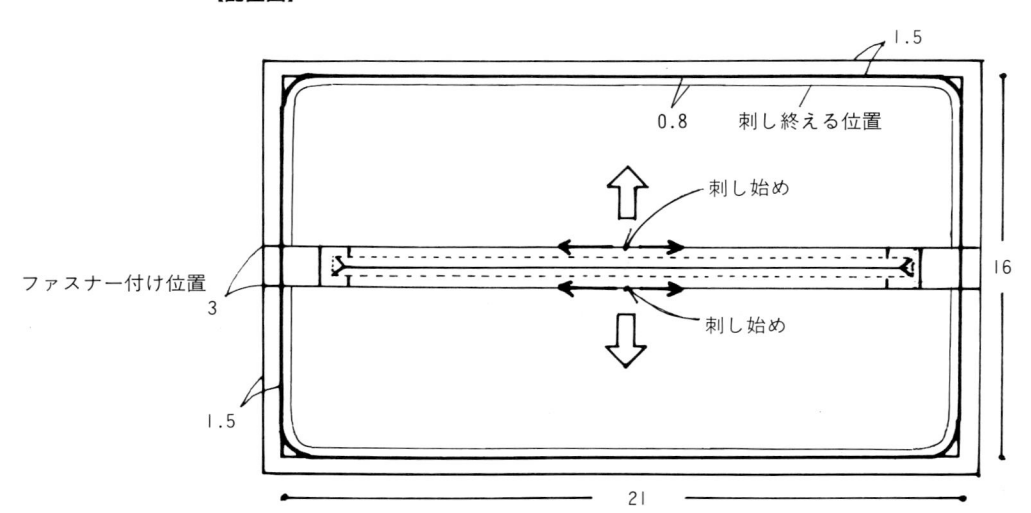

単位＝cm

■ ファスナーの付け方

1 空きを作るために切り込みを入れる

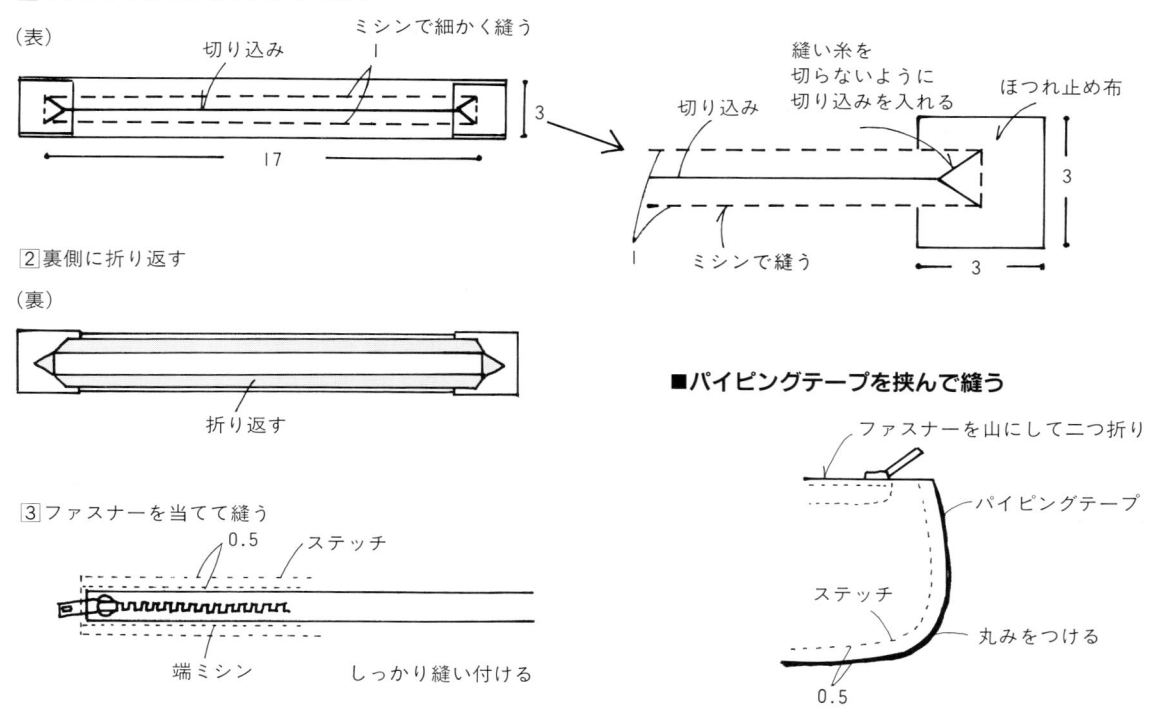

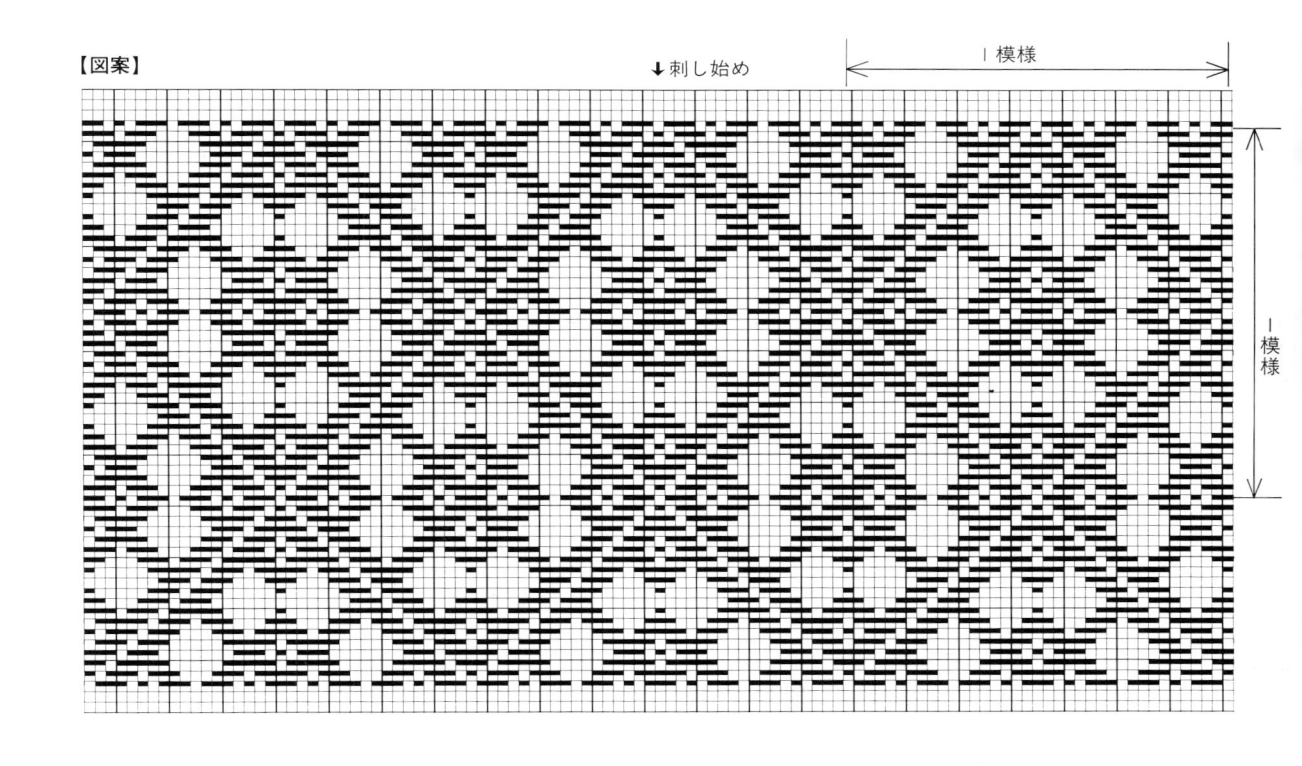

(表)
切り込み ミシンで細かく縫う
17
3

縫い糸を切らないように切り込みを入れる
切り込み
ほつれ止め布
ミシンで縫う
3
3

2 裏側に折り返す

(裏)
折り返す

■ パイピングテープを挟んで縫う

3 ファスナーを当てて縫う
0.5 ステッチ
端ミシン しっかり縫い付ける

ファスナーを山にして二つ折り
パイピングテープ
ステッチ
丸みをつける
0.5

【図案】
↓刺し始め
1模様
1模様

巾着

カラー口絵21ページ

　ソフトな仕上がりの巾着は、旅行バッグの中にいくつでも入りそう…。裏布に可愛いプリント柄やカラフルなものを使うと、いちだんとおしゃれに仕上がります。

◆**材料**

	種類	使用量
布	コングレスクロス（ピンク）	62×22cm
糸	こぎん染糸（ピンク、ブルー、茶色）	各10g
その他	木綿裏布／50×22cm　ひも（赤）／130cm ひも先飾り／2個	

◆**ゲージ**　1cm角／6段×7目

◆**刺し方**

　下から1模様ずつ、糸の色を替えながら刺してゆきます。

(1)**刺し始め**／布幅の中心、底から2.5cmの位置に、図案の下中心を合わせ、中心の左6目あけて3目から刺す。

出来上がり寸法／27×20cm

(2)左右に1段刺し、上に向かって糸の色を替えながら、3模様刺す。

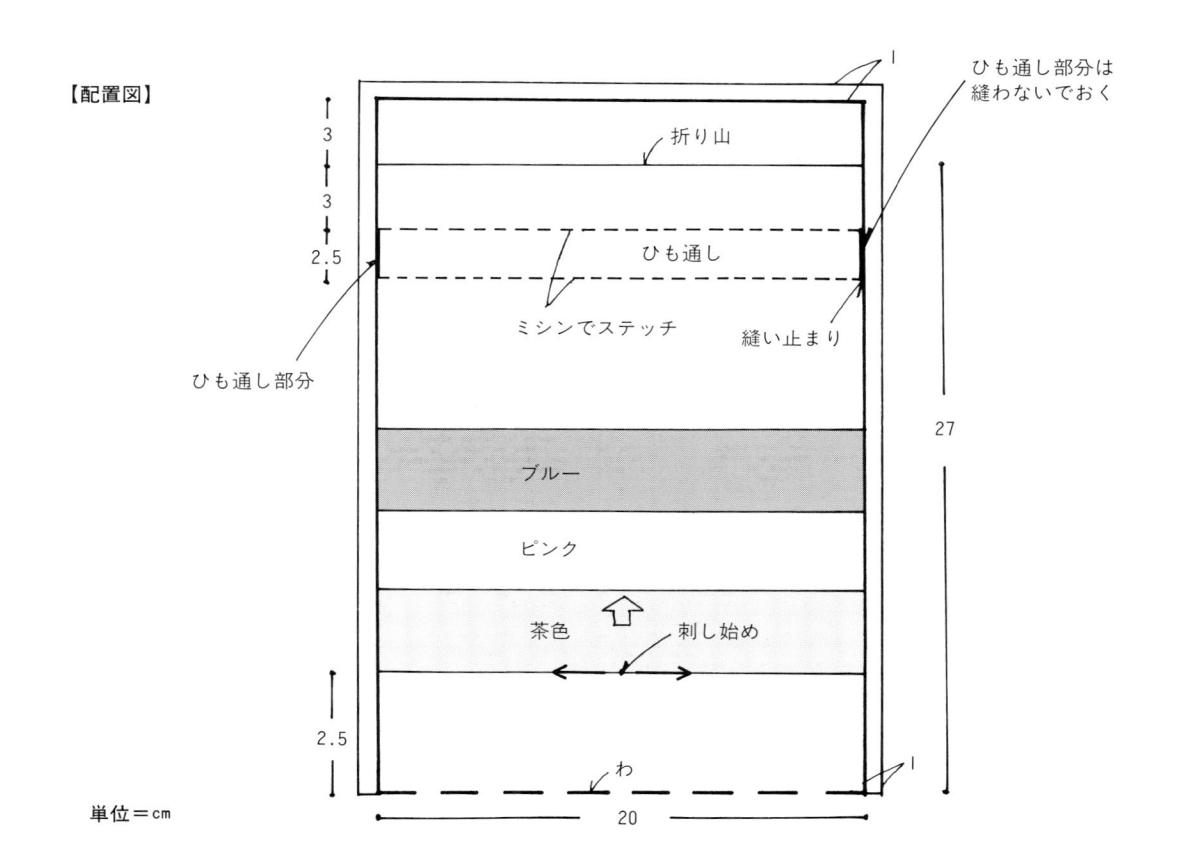

【配置図】

単位＝cm

◆作り方
(1)表布のわき縫いをする。ひも通しの部分は縫わないでおく。
(2)裏布は上から下までわき縫いをする。
(3)裏布を表布の中に入れて表布の口側を4cm折り、裏布と1cm重ねる。重ねた部分と2.5cm下を縫ってひも通しを作る。
(4)両側からひもを通し、先に飾りを付けて結ぶ。

■口もとの作り方

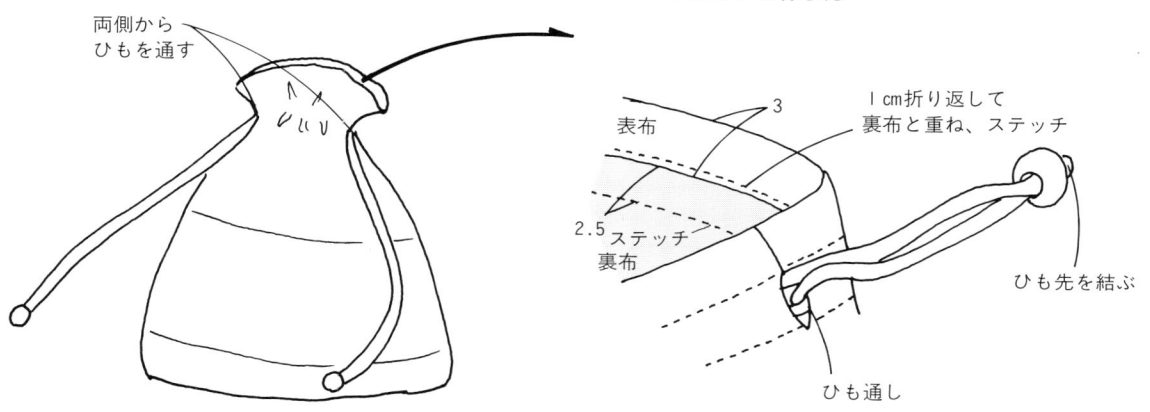

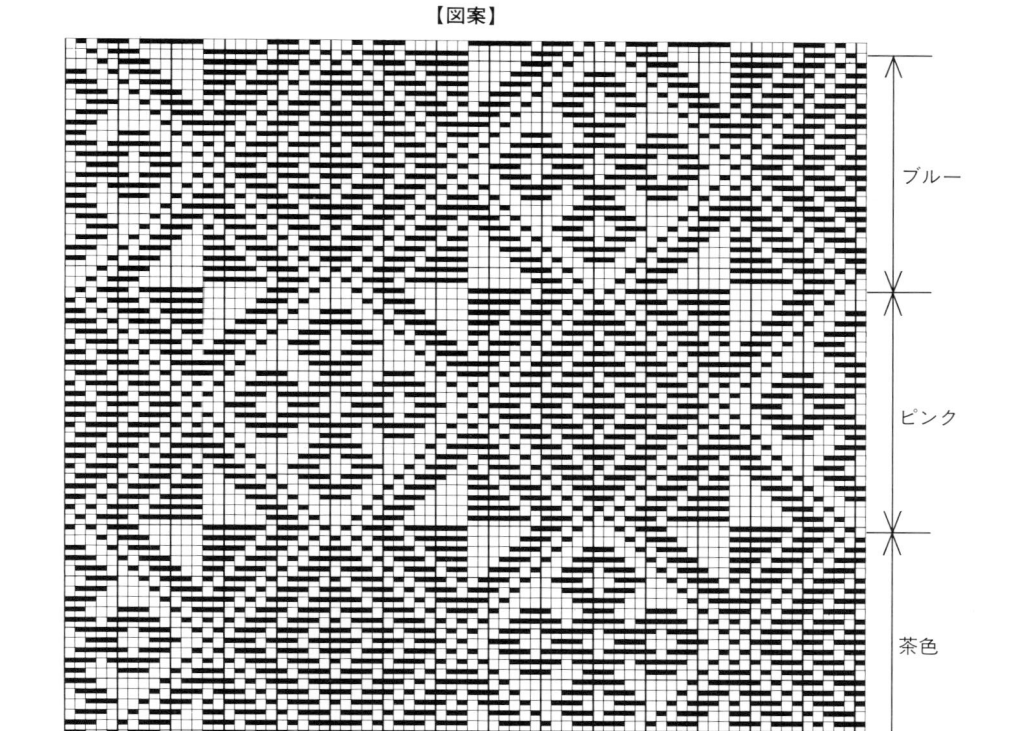

【図案】

↑刺し始め　↑中心

ブルー
ピンク
茶色

こぎん刺し図案集[Ⅰ]

85

こぎん刺し図案集[Ⅱ]

87

こぎん刺し図案集[Ⅲ]

89

こぎん刺し図案集[IV]

91

こぎん刺し図案集[V]

93

こぎん刺し図案集[Ⅵ]

95

著者紹介

高木 裕子(たかぎ・ひろこ)

1967年	こぎん刺しに出会い、刺し始める
1987年	木曜会創立
1989年	横浜みつい画廊にてグループ展
1991年	銀座大八木画廊にてグループ展
1991年	ザルツブルグに於けるNHK文化センター主催日本文化祭参加
1992年	プラハに於けるNHK文化センター主催日本文化祭参加
1993年	銀座大八木画廊にてグループ展
1994年	銀座メルサにてグループ展
1995年	カンヌに於けるエールフランス主催日本文化祭参加
1996年	ブタペストに於けるNHK文化センター主催日本文化祭参加
1998年	銀座大八木画廊にてグループ展

・木曜会主宰
・NHK文化センター講師(東陽町、柏、町田)
・千代田区富士見教室講師
・杉並区永福和泉教室講師

■制作協力者

荒井曙美　伊井充子　石井昭子　市村はま子　稲田芳栄　遠藤ふく
大川桃子　大宅美智子　岡田紀美子　金内チエ　金内文子　木村君江
窪田治子　桑畑テイ子　小島須賀左　小林明子　小林和子　鈴木和江
土屋喜代子　萩原喜巳枝　羽田州子　原　順子　藤田美智江　細谷悦子
前川惠美子　松木照子　室井昭子　安田倖子　山形美智　山崎とみ
渡辺恵美子　　　　　　　　　　　　　　　　　　　　（五十音順）

材料及び加工のお問い合わせ先

(株)花邑〔生地〕	青森県弘前市土手町122	☎0172-32-2727
染色工房きはだや〔絹糸〕	新潟県十日町市本町2	☎0257-57-1511
小沢表具店〔表具〕	東京都千代田区三崎町3-2-17	☎03-3262-0343
(株)シンク〔袋物仕立て〕	東京都台東区鳥越2-7-15	☎03-3851-0493
ドミニック〔帽子〕	千葉県市川市真間2-17-10	☎0473-22-0386

ちょっと素敵なインテリア
こぎん刺し

著　者　高木　裕子　　©2000 Hiroko Takagi
発行者　田波清治
発行所　株式会社　マコー社

〒113-0033 東京都文京区本郷4—13—7
TEL 東京(03)3813—8331(代)
FAX 東京(03)3813—8333
郵便振替／00190—9—78826番
印刷所　大日本印刷株式会社

平成12年1月18日初版発行

定価はカバーに表示してあります。落丁・乱丁その他不良の品は弊社でお取り替えいたします。
ISBN4-8377-0699-1